HÉROES DE CUBA, MÁRTIRES DE CRISTO

Una historia de la
Agrupación Católica Universitaria

COLECCIÓN FÉLIX VARELA # 65

EDICIONES UNIVERSAL, Miami, Florida, 2023

Agustín Villegas

HÉROES DE CUBA, MÁRTIRES DE CRISTO

Una historia de la Agrupación Católica Universitaria

Copyright © 2023 by Agustín Villegas

Primera edición, 2023

AGRUPACIÓN CATÓLICA UNIVERSITARIA (ACU)

EDICIONES UNIVERSAL
P.O. Box 450353 (Shenandoah Station)
Miami, FL 33245-0353. USA
(Desde 1965)

e-mail: ediciones@ediciones.com
http://www.ediciones.com

Library of Congress Catalog No.: 2023932817

ISBN: 978-1-59388-335-5

Composición de textos: María Cristina Zarraluqui

Diseño de la cubierta: Agustín Villegas

Diseño final de la cubierta: Luis García Fresquet

En la portada, fotos de los doce héroes de Cuba y mártires de Cristo

Todos los derechos
son reservados. Ninguna parte de
este libro puede ser reproducida o transmitida
en ninguna forma o por ningún medio electrónico o mecánico,
incluyendo fotocopiadoras, grabadoras o sistemas computarizados,
sin el permiso por escrito del autor, excepto en el caso de
breves citas incorporadas en artículos críticos o en
revistas. Para obtener información diríjase a
Ediciones Universal.

Actuación de la Agrupación Católica Universitaria en defensa de las libertades cubanas y de la fe

> «*El siglo XX es el siglo del martirio*».
> Su Santidad Juan Pablo II

> «*El cristianismo proclama la libertad y el comunismo conduce a la esclavitud*».
> Andrés Valdespino
> *Bohemia*, enero 10, 1959

Índice

Agradecimientos 9

Prólogo 13

CAPÍTULO 1
Vidas de mártires cubanos 19

CAPÍTULO 2
Frente a los regímenes de fuerza: Machado, Batista y Castro 115

CAPÍTULO 3
Resistencia cubana 139

CAPÍTULO 4
Persecución religiosa 183

Clamor de los mártires 211

A manera de epílogo 213

Apéndices 215
    Presidio político de algunos agrupados 215
    Oraciones e himnos 227

Bibliografía 231

Sobre el autor 233

Agradecimientos

Vida de mártir, el testimonio más valioso y ejemplar

Cuando me di a la tarea de escribir este libro sobre mártires de la fe, busqué la forma de encontrarlo a través de los familiares. Los localicé en persona y escribiéndoles cartas inicié la investigación con la familia de **Julián Martínez Inclán**, el joven mártir que fue parte de la *Legión de Acción Revolucionaria* (L.A.R.) y congregante de la Agrupación Católica Universitaria (ACU). La señora madre me recibió en su casa muy amable y servicial —trató de darle respuestas a las preguntas e inquietudes patrióticas y católicas de su hijo «July» que poseía una caridad ejemplar y un amor al prójimo sin lugar a dudas. Julián tenía delirio con su madre y ella en la misma inclinación hacia su único hijo. La señora Angelina Inclán se puso el vestido negro en señal de luto hasta que expiró.

Ramón Pérez Lima. Se averiguó dónde vivía la familia en la capital habanera. Se le escribió carta al hermano del mártir y él, Jorge Ramón, respondió a la petición. Hizo una historia del proceso revolucionario en que fue involucrado Ramón Pérez Lima. Se olvidó un detalle, la fecha del nacimiento, que luego se consiguió a través de un pariente del agrupado Salvador E. Subirá que trabajaba en la iglesia de Nuestra Señora del Carmen donde se bautizó el mártir al vivir en la misma localidad de la parroquia.

Javier Calvo Formoso. Formó parte de la ACU. Se obtuvo información biográfica con su hermano Ricardo, que muy gentil se prestó a cooperar con todo el informe posible.

José Ignacio Martí Santa Cruz. Se consiguió la dirección de la familia que vive en Puerto Rico, y Gustavo, su hermano, brindó todo su apoyo a la obra a realizar. Ofreció el debido informe de su hermano mártir.

Manuel Sábalo Rodríguez. El informe y el detalle de la vida del capitán Sábalo fue obtenida a través de la publicación *Bohemia* de Cuba de 1959. Él fue el guía de los cuatro miembros de la ACU.

Carlos Rodríguez Santana. Hubo conversación con sus hermanos Alfredo y con cartas enviadas a Salvador que vivía en California, y facilitaron toda la información del primer mártir de la *Brigada 2506*.

Virgilio Campanería Ángel. Participó en la protesta del Parque Central contra la presencia de Mikoyan y fue miembro del Directorio Revolucionario Estudiantil (D.R.E.). El hermano del mártir, Néstor, ofreció el detalle biográfico.

Herman Koch Gene. Murió en Bahía de Cochinos en abril de 1961. Su hermano Johnny y su esposa Rebeca dieron la información necesaria, asimismo su amigo Manuel Barba hizo una historia de cómo conoció al mártir.

Rogelio González Corzo. A través de la que fuera su novia comprometida, Dulce Carrera Jústiz y de Manuel Guillot (padre de Manolín Guillot, fusilado el 30 de agosto de 1962) ofrecieron el informe de la vida del mártir, quien fuera jefe del clandestinaje en la lucha contra el gobierno de Fidel Castro.

Juan Pereira Varela. Fue jefe del Directorio Revolucionario Estudiantil. La información de la vida del mártir vino de Pancho Miranda, Cecilia La Villa, Manolo Barba, Juan Manuel Salvat, Emilio Martínez Venegas, p. Amando Llorente Villa SJ, Alberto Muller y de las publicaciones *Esto Vir* y *Trinchera*.

Manuel Guillot Castellanos. Sus padres y la publicación *Tridente* fueron la fuente para la historia del mártir que fuera dirigente del Movimiento de Recuperación Revolucionaria (M.R.R.).

Ignacio Suárez Carreño. Dos hermanos, Patricio y Manuel ayudaron a poder escribir la vida del mártir. También contribuyeron a la memoria del católico militante y patriota cubano su esposa Graciela Portuondo y uno de los hijos, Jaime, y la intervención del p. Amando Llorente, ofreciendo algunos datos al respecto. Ignacio

Suárez Carreño fue condenado a la pena de muerte, pero fue cambiada por motivo de enfermedad.

El testimonio y la obra de los mártires es el sacrificio más sublime y heroico que existe, como señalaba José Martí: *Los mártires son el altar más hermoso de la honra.*

Recuerdo del p. Amando Llorente Villa SJ

En una ocasión que fui a visitar al sacerdote jesuita hace años en Miami, me regaló un cuadrito de la *Virgen* y un libro que se llamaba *El Drama de Jesús*. Tiempo transcurrido, fui a ver otra vez al p. Llorente, pero esta vez fue por una misión, la realización de una obra, la vida de mártires de la Agrupación Católica Universitaria, en cuanto a Cuba se refiere, con relación a su ideal democrático y cristiano. Fui recibido por el director espiritual de la ACU con la amabilidad que caracteriza su espíritu de pastor de almas. Me recomendó que fuera a ver al abogado Emilio Martínez Venegas y al arquitecto Salvador Subirá, que ellos estuvieron en la lucha contra los gobiernos de Fulgencio Batista y de Fidel Castro. Antes de salir del local de la ACU el p. Llorente facilitó los cuadros de los mártires de Guajaibón para que hiciera copia de ellos y devolverlos lo antes posible.

Una vez, el sacerdote me dijo que Juanín Pereira era muy puro y que había que esperar 50 años para hablar de la canonización de los mártires de la ACU. Le dije a p. Llorente que el hermano de Martín Javier Formoso quería hablar con él, y el sacerdote respondió afirmativamente diciendo, «dígale que me llame».

El p. Llorente dijo que él había hecho congregante a Virgilio Campanería, tal vez en distancia. Monseñor Fernando Azcárate sabía de los Ejercicios Espirituales que hacía con Salvador Subirá y Manuel Blanco Navarro. Seguro que la mediación del obispo hizo posible la entrega de la medalla de congregante dada por el p. Llorente que se vio colgada al pecho cuando lo hizo miembro de la Congregación Mariana. Además, en el local de la ACU había una galería de cuadros de los mártires, que entre ellos se encontraba el de Virgilio. Y por último, el sacerdote Llorente me dijo que quería reproducir todos los trabajos que yo he hecho en la publicación *Esto Vir*, órgano oficial de la Agrupación Católica Universitaria.

Prólogo

Conocí al amigo Agustín Villegas hace muchos años, diría que alrededor de 1962 en las oficinas del Directorio Revolucionario Estudiantil (DRE) en Miami. Era un joven inquieto y estudioso, con gran amor a Cuba. Por eso comenzó a ser parte de nuestro grupo que intentaba poner fin a un régimen que había suprimido la libertad del pueblo cubano. Ya no era la República «Con todos y para el bien de todos» por la que luchara el apóstol José Martí. Era un poder totalitario que asumía el control total del destino cubano y de todo su pueblo.

Agustín ayudaba a Dámaso Oliva y otros compañeros en labores de información periodística sobre la realidad cubana. Y lo hacía muy bien. Pronto comenzó también a ser miembro de la Congregación Mariana: Agrupación Católica Universitaria (ACU), bajo la dirección del P. Amando Llorente, magnífico jesuita que había logrado, con gran esfuerzo y en circunstancias muy difíciles, reorganizar la ACU en el exilio, después de un Retiro, que nunca olvidaré, en el hotel Golden Strand de Miami Beach.

La ACU había sido fundada por el P. Felipe Rey de Castro SJ en La Habana con un grupo de alumnos graduados de bachillerato del Colegio Belén. Sus inicios, como idea y grupo inicial, podrían encontrarse en 1925/1926[1]. Aunque demoró otros años en convertirse en realidad. Yo la recuerdo cuando fui a estudiar a La Habana en 1957 y residí en el edificio de la ACU en San Miguel y Mazón. Venía de la Agrupación Católica de Sagua la Grande, forjada en el ejemplo de la ACU. Fue una experiencia única y para toda la vida. Tanto en la práctica de un cristianismo basado siempre en

---

[1] *Felipe Rey de Castro y la Agrupación Católica Universitaria. Ensayo Biográfico*, Roberto Méndez Martínez.

la vida y enseñanza de Jesús, con una vocación esencial en la Libertad, el respeto a la Dignidad Humana, la Justicia, Solidaridad y la Doctrina Social Cristiana. Todo ello estudiado profunda y libremente, en los Ejercicios Espirituales de San Ignacio de Loyola. De la ACU salió un ejército de hombres de Cristo que habrían de ser ejemplares en sus profesiones, vidas familiares y activismo social. Tuvieron oportunidad de demostrarlo, pocos años después, cuando Cuba fue sumida en un régimen comunista-fascista en 1959. Y lo hicieron en una lucha desigual y con mártires ejemplares. De eso se trata en este libro de Agustín Villegas.

Logra Villegas darnos una idea de la ACU y de la situación cubana en la segunda mitad del Siglo XX. Y hace mucho más. Deja para la historia de nuestra Patria las ejemplares biografías de los MÁRTIRES de la ACU y de Cuba. Fueron asesinados gritando VIVA CUBA LIBRE/VIVA CRISTO REY en Guajaibón, la costa de Pinar del Río, La Cabaña en La Habana... fueron nuevos mambises y han dejado un ejemplo para el futuro de Cuba. Cuando los cubanos del Archipiélago y el Exilio conozcan el valor, el amor y el heroísmo de estos hombres, quizás haya un cambio de mentalidad. Entonces el materialismo feroz y la esclavitud del hombre por el hombre, serán solo historia pasada. Y la nueva historia cubana se escriba en ese respeto a la libertad, justicia y solidaridad, sólidos cimientos para la Nueva República de Cuba.

También tenemos que resaltar el valor de Villegas en adentrarse, por muchos años y con muy pocos recursos, en esta ardua investigación. Recorrer archivos, leer viejos periódicos y revistas, entrevistar a los más allegados a los biografiados, buscar fotos que ilustren lo escrito, merece reconocimiento. Y este libro es el mayor regalo que podemos hacerle al autor. Pues para el autor lo importante es dejar, para la historia de Cuba, el legado de estos mártires cubanos de Cristo. La Fe, y mucho trabajo, logran que la semilla de frutos. Y Agustín Villegas es hombre de Fe y con mucho amor a Cristo y a Cuba. Su libro, este libro, es para todos los cubanos, de hoy y de mañana. Por todo eso y más, soy amigo y admiro a Agustín Villegas. Estoy seguro que los lectores pensarán lo mismo.

Juan Manuel Salvat
Miami, 18 de enero de 2023

*El Papa Benedicto XVI señala que el comunismo
es la vergüenza de nuestro tiempo*

Guardián de la Iglesia Católica

*Dios ha puesto en el corazón del hombre el deseo de
conocer la verdad y, en definitiva de conocerle a Él
para que, conociéndolo y amándolo pueda alcanzar
también la plena verdad sobre sí mismo.*

Juan Pablo II

PASE A LA AGRUPACIÓN TRIUNFANTE

Francisco Javier Calvo Formoso, 21 (1958)
Guajaibón
Pinar del Río

Ramón Pérez Lima, 20 (1958)
Guajaibón

José Ignacio Martí Santa Cruz-Pacheco
19 (1958) Guajaibón

José Martínez Inclán 19 (1958)
Guajaibón

Manuel Sábalo Rodríguez, 31 (1958)
Guajaibón (guía)

Carlos Rodríguez Santana, 20 (1960)
Base Trax   Guatemala

Hernán Koch Gene 21 (1961)
Girón
Matanzas

Virgilio Campanería Ángel, 22 (1961)
La Cabaña
La Habana

Rogelio González Corzo, 28 (1961)
La Cabaña
La Habana

Juan Manuel Pereira y Varela, 20 (1961)
Pinar del Río

Manuel Guillot Castellano, 24 (1961)
La Cabaña
La Habana

Ignacio Amador Suárez Carreño, 49 (1968)
H. Naval, La Habana

CAPÍTULO 1

Vidas de mártires cubanos

Francisco Javier Calvo Formoso

Nació en la ciudad de Santiago de Compostela, provincia de La Coruña, España, el 7 de octubre de 1937, a los pocos meses de haber estallado la guerra civil en España por lo que sus padres pidieron y obtuvieron la repatriación a Cuba.

Sus primeros años los pasó en La Habana en unión de sus padres y de una hermana, Silvia, que fallece debido a anomalías congénitas a los 2 años.

A los 4 años los padres se mudan a la ciudad de Marianao al oeste de La Habana y Javier comienza sus estudios de primaria y secundaria en el Colegio de Belén de los padres jesuitas. En el tercer grado, Javier participa de «Gran Caballero» en las festividades del Día de los Inocentes en diciembre de 1946. Como excelente estudiante se convierte en un miembro distinguido de la Academia Literaria Avellaneda., siendo Dignidad del colegio por su talento y disciplina.

Fue uno de los pocos estudiantes en graduarse de Bachiller en Ciencias y Letras. Fue segundo expediente en su promoción de 1955. Escogido por brillantes calificaciones del curso escolar de graduados y seleccionado para redactar y pronunciar el discurso de bienvenida de su graduación en junio 16. Estuvo en ese plantel estudiantil durante 11 años.

Javier pertenecía a un grupo en la escuela Belén que se llamaba «los apostólicos» que eran candidatos para el seminario jesuita «El Calvario».

En septiembre de 1955 inició sus estudios universitarios en la Escuela de Medicina de la Universidad de La Habana. Javier se convierte en congregante mariano de la Agrupación Católica Universitaria el día 8 de diciembre de 1956. Fue profesor de la escuela nocturna obrera de Belén y presidente de la Confederación de Asociaciones Universitarias Católicas. Representante de la ACU en diversos congresos internacionales.

Javier se encontraba en segundo año de Medicina, cuando el gobierno de Batista cerró la Universidad de La Habana, debido a las actividades estudiantiles en contra del malestar político existente a partir de diciembre de 1956.

En ese verano 1956, Javier encabeza la delegación cubana ante la Asamblea Católica Internacional «Pax Romana» celebrada en la capital de El Salvador, Centroamérica. En ese tiempo, Javier inicia estudios universitarios en Psicología en la Universidad de Villanueva, expediente número 57102, años 1957-58 cursando tres asignaturas, para adelantar su meta de ser médico psiquiatra.

En otoño de 1958, el profesor Calvo empezó a enseñar psicología a los estudiantes de tercer año de bachillerato del colegio Belén hasta el final en que se enroló en la lucha revolucionaria en Pinar de Río y perdió la vida.

Su lucha patriótica

Javier Calvo por sus inquietudes democráticas y cívicas ingresa al Directorio Revolucionario que luchaba contra el régimen de Batista. Participa con la organización «26 de julio» por un tiempo. Cuando los sucesos de la huelga del 9 de abril de 1958, Javier habla con su hermano Ricardo y le dice que la huelga está saboteada por elementos comunistas.

En diciembre de 1958 escribió una poesía cuyo pronunciamiento acompañó una de las vistas del nacimiento de Jesús que se presentó en el recinto de la ACU celebrando tal motivo. Fue publicado en el Diario de la Marina con fecha 10 de enero de 1959 y cuyo título era «El mensaje de un Mártir». Este trabajo fue el último escrito de Javier Calvo Formoso y era dedicado al nacimiento de Jesús.

A lo último, Javier Calvo, viendo que la tiranía era la negación de los valores cristianos y como él sentía amor a Dios no podía soportar la permanencia del déspota, se unió a la organización «Legión de Acción Revolucionaria» y se dirige con sus compañeros de la ACU rumbo a Pinar del Río, a finales de diciembre de 1958 para organizar un tercer frente de lucha con la intención de que Cuba regresara a las libertades y crear un lugar de respeto hacia los valores morales y la trayectoria de Martí en marcha.

Su modo de ser

Siempre se veía atento, Javier, en el aula del colegio Belén en busca de respuestas a sus preguntas. Entonces, interesado en el asunto, trataba de darle solución con papeles de notas que traía en su bolsillo. Le decían sus compañeros por sus conocimientos, «Enciclopedia». Javier Calvo tenía varias facetas que reflejaban su personalidad y una de ellas era su carácter humilde donde demostraba su sencillez en cuanto al saber humano se refiere. Aparentaba un desconocimiento que no existía para no destacarse. No le gustaba ser elogiado por su talento. Todo apostolado tenía cabida en su vida práctica para ser llevado con responsabilidad.

Para Javier, en su mente genial, cualquier tema era de su dominio, sea la Moralidad Cristiana o una conferencia sobre Filosofía Comunista. Siempre servicial y útil en ayudar al prójimo. Caritativo y dado al ambiente familiar.

En cuanto a la patria, Javier fue de inmediato a servirla en su desgracia, por un golpe dado a la constitución de 1940 y la imposición de una dictadura militar el 10 de marzo de 1952. Como consecuencia cayó bajo el comunismo en 1959. Javier Calvo tenía al morir 21 años.

El martirio es un gran acto de amor en respuesta
al inmenso amor de Dios.
Su Santidad Benedicto XVI
Agosto 11, 2010

El mensaje de un mártir

El pasado mes de diciembre, la Agrupación Católica Universitaria presentó, como otros años había hecho, un Nacimiento.

El texto de la tercera escena de este Nacimiento había sido escrito por Javier Calvo Formoso, Congregante de la Agrupación, que días más tarde sería asesinado en los campos de Pinar del Río, por fuerzas de la tiranía que nos agobiaba.

A continuación reproducimos el texto de esa tercera escena, último artículo escrito por Javier, en el cual parece haber querido decir, sinceramente, como sólo él sabía decirlo, todo el enorme por qué de su sacrificio. Esto lo hacemos en recuerdo y homenaje de los estudiantes de la ACU asesinados el 27 de diciembre, en las Pozas, Pinar del Río.

He aquí el texto:

"Después, al mediodía, aquellos tres reyes de lejanas tierras se marcharán para siempre tras la estrella que se perderá en el azul del día...
Pero Tú, Jesús, Tú no te irás,
Tú estarás para siempre,
Encendiendo de amor las navidades,
El el tierno regazo de las cunas,
En las tiernas caricias de las madres,
En las claras estrellas de tus manos, dibujando llamadas en el aire.

Pero Tú no te irás,
Aún hay duelo, Jesús, y muerte y hambre,
Aún vas solos, callado y escondido como aquel día infame del Calvario,
Y te matan los hombres cuando matan el alma de otro hombre,
Y te hiere la carne el oscuro morder de la injusticia y el manchado gritar de la venganza.
Quédate, aun en cruz,
A pesar de los días sin auroras,
A pesar del temor de los cobardes,
En cruz; en cruz y en todas partes,
Al Norte y al Oeste, al Sur y hacia el Oriente.
Y cuando la noche se haga negra y apretada,
Y haya un grito de muertes y de sangre,
Y haya una siembra nueva de llantos y cadáveres,
Y haya niños sentados en la tierra junto a la pobre gente retorcida como oscuras raíces de la Patria,
Vuelve entonces, Señor!
Danos tu pecho abrasado de ese fuego encendido que nos falta
Deja sobre nuestros campos tu voz lanzada al aire,
Tu dolor que nos quema,
Tu grito que nos llega taladrando de luces nuestras almas.
La cruz de tu Calvario,
Las estrellas de sangre de tus llagas...

Ven entonces, Señor, te esperaremos,
Junto a tu cruz trazando caminos a la vida.
De pie y con alegría.,
De pie y con esperanzas,
De pie
De pie con las espigas,
De pie,
De pie y ya para siempre,
Jesús, junto a las palmas..."

Ramón Pérez Lima

Nació el día 5 de agosto de 1938, en Ánimas, número 1015 entre Aramburu y Soledad, La Habana, Cuba. Sus padres: Timoteo Pérez Rodríguez y Dolores Lima Valido. Bautizado el día 1ro de enero de 1939 por el padre Fray Samuel de la Virgen del Carmen en la provincia de La Habana. Fueron sus padrinos Manuel Pérez y Eulalia Rodríguez. Sus hermanos: Esperanza y Jorge Ramón, nacieron después de la muerte de Ramón.

Se gradúa en el Colegio Baldor de Bachiller en Ciencias el 26 de junio de 1955 en el que fue Excelencia. Estudiante distinguido, conducta ejemplar. Ramón Pérez Lima tuvo amistades y compañeros de clases, entre ellos Orlando Herrera, Utsenre Matos y Ángel Correas, entre otros.

Recibe el sacramento de la Confirmación de la Fe, el día 3 de marzo de 1956, administrado por monseñor Alfredo Muller, Obispo Auxiliar de La Habana, Parroquia de Nuestra Señora del Carmen. Fiel a la religión, Ramón se convierte en Congregante de la Agrupación Católica Universitaria el 8 de diciembre de 1957.

Era un hombre delgado, serio, formal, responsable, destacado en sus estudios. En su afán de progreso matricula curso de Ingeniería

Eléctrica. Primer expediente en el primer año, número 57449, año 1956-1957 de la Universidad de La Habana. Primer expediente en el segundo año de la carrera en la Universidad de Villanueva, año 1957-1958.

En ese tiempo, Pérez Lima era profesor del Centro de Estudios Matemáticos de la Agrupación Católica Universitaria. Fue uno de los creadores de la Fraternidad de Estudiantes de Ingeniería. Uno de los más firmes puntales del C.E.M.

Llegan los días tristes de diciembre de 1956 a marzo de 1957. La Universidad queda silenciada por el gobierno de Batista, teniendo que esperar que se calmara la situación y que vinieran días mejores. Era el tiempo de formación social y política teórica y práctica. Mongo era uno de los que podían dar lecciones de democracia cristiana con el pensamiento de las encíclicas papales. Las clases de Villanueva de octubre de 1958 se inician y era el tiempo de la meditación a una causa, del llamado de la Patria que clamaba por su rescate de la opresión. Era el momento del sacrificio final, o de morir si era necesario. Ramón estaba pensativo y en silencio. Preocupado por sus actividades políticas. Pero muy a pesar de eso, seguían los estudios en la Universidad y las calificaciones siempre excelentes y brillantes.

Usaba espejuelos de color verde. Una vez le señaló a Javier Souto, que el 26 de diciembre de 1958, próximo estaban los días en que iba a suceder algo revolucionario, de una acción que se estaba preparando para el derrumbe del gobierno de Batista. Se trabajaba por célula, en grupos de tres.

En la preparación del alzamiento, días antes, el grupo dirigido por Javier Calvo, tenía que ir a Pinar del Río con la intención de inspeccionar el territorio, a fin de crear un Frente, orientado en su mayoría por miembros de la Agrupación Católica Universitaria, que algunos de los pertenecientes de la organización mariana se encontraban en la Sierra Maestra, en el Escambray y en el Directorio Revolucionario Estudiantil, ya que al final se unían los grupos, en la victoria, en el triunfo final y librar a Cuba de caer en las garras del comunismo dirigido por Fidel Castro.

En la noche del 26 de diciembre partieron para Pinar del Río, en unos carros, Ramón Pérez Lima iría como chófer en un carro deportivo con Manuel Sábalo. Ya en el lugar de los hechos, Ramón en unión de Javier Calvo Formoso, Julián Martínez Inclán, José Ignacio Martí Santa Cruz y Manuel Sábalo fueron apresados por los militares del régimen, pues se hicieron sospechosos, y fueron conducidos a los calabozos y torturados brutalmente hasta producirles la muerte el día 28.

Mongo tenía al morir 20 años. Su alma y su vida se elevaron al cielo. Su ejemplo debe ser modelo de un cristiano sacrificado en servicio de una Patria con un sentido del ideal de José Martí y la pureza del Cristo Redentor.

Su madre, Dolores, murió en mayo de 1985. Su padre, Timoteo, chófer de alquiler, residía en un hogar de ancianos. Su hermana Esperanza con tres hijos, era mayor que Jorge Ramón. La familia de Ramón Pérez Lima procedía de una familia modesta.

José Ignacio Martí Santa Cruz-Pacheco

Nació el 23 de marzo de 1939, en Santiago de Cuba, Oriente, Cuba. Padres: Venancio Martí Mercadé e Isabel Santa Cruz-Pacheco Douglas. Hermanos (de mayor a menor) Gustavo A., Isabel Rosa y Venancio Carlos.

José Ignacio se gradúa de Bachiller en Ciencias con el rango de Dignidad y Excelencia en mayo de 1956, en el Colegio Dolores de los padres jesuitas, en Santiago de Cuba. En ese mismo año, 1956, en el mes de septiembre «Nacho», cómo le decían cariñosamente, comienza a estudiar Ingeniería Química y llega hasta el tercer año con el expediente número 56257, años 1956-1958, en la Universidad Católica de Villanueva. Deportista distinguido.

De los estudiantes de Villanueva, Nacho Martí era el que estaba arriba de todos. En la festividad de la Inmaculada Concepción de María, el 8 de diciembre de 1958, José Ignacio Martí se convierte en Congregante. El día 26 del mismo mes le señala a José Fernández Planas que él (Nacho) iría, lo reemplazaría, en víspera del viaje a Pinar del Río. Fernández Planas le señaló que él era el indicado a conducir la cuña. Pero Nacho quiso ser él en la travesía. Se lanza al sacrificio para ver la bandera con la estrella solitaria ondear libremente.

El plan del viaje que se habían trazado, José Ignacio y sus compañeros regresarían a La Habana en la tarde del día 31 de diciembre, para esperar el Año Nuevo junto a sus familiares. Salvador Subirá, quien era amigo y compañero de la ACU de José Ignacio Martí Santa Cruz, señaló que él no podía ver la bandera, la de la estrella solitaria, temblar en un aire enrarecido de injusticias. No podía, le hervía la sangre. Por las venas corría el fuego de la tierra.

Luego, en una noche clara, se supo que allí fue la muerte injusta, realizada por criminales. En su providencia Dios sabía que la sangre de Nacho haría más fértil la tierra que defendía. Partió el día 26 de diciembre de noche con las manos vacías de armas; con el ideal puesto en Dios y en la patria.

Ya en Pinar del Río fueron vistos José Ignacio y sus compañeros rezando el rosario y perdonando a sus captores. Como Nacho era un católico militante, era natural verlo en esta situación que él iba a morir por Dios —todo su ideal a mayor gloria de Dios. Esta es la explicación última de su sacrificio por la patria que pedía justicia, por el pueblo oprimido, por la bandera manchada de infamia. José Ignacio Santa Cruz tenía 19 años al morir.

Julián Martínez Inclán

Nació el 25 de mayo de 1939 en la clínica *Reyes* en el Vedado, La Habana, Cuba. Sus padres: Julián Martínez Inclán y Angélica Inclán Lechuga. Educación: Julián Martínez Inclán aprendió a conocer las letras y los números se los sabía a los cuatro años. En su infancia fue a las Escuelas Pías de San Rafael desde el kindergarten hasta el segundo grado. Su maestro fue Luis Gaja.

En 1946, a los siete años, Julián fue al Colegio Belén donde obtuvo Excelencia y seis premios, permaneciendo en la escuela 11 años, hasta graduarse de Bachiller en Ciencias el 14 de Junio de 1957, a las nueve de la noche, después de una solemne ceremonia.

«July» como le decían cariñosamente familiares y amistades, fue integrante del equipo oficial de basketball. Jugaba con Antonio García Crews el baloncesto. July era Boy Scout.

Siempre se encontraba entre los primeros de la clase por su gran inteligencia que llevaba con gran humildad y sencillez. Vivía en el Vedado, en la esquina de F y 23 en el segundo piso. July ganó muchas medallas y condecoraciones cada año. Era el mejor dibujante de todo el curso en Belén. July fue premiado en dibujo. Su padre, alto, fue también un excelente dibujante igual que su hijo.

July era un atleta natural, delgado, de 5 pies y 10 pulgadas. De extremidades largas. Tenía un gran salto vertical y podía tocar el aro, a 10 pies de altura. Le gustaba nadar, con facilidad lo hacía. A pesar de la ardua labor realizada tenía energía para nadar. Tenía un buen sentido del humor. Tenía una sonrisa fácil que le ganaba la simpatía, de todos los que le conocían; a July le gustaba escuchar música, disfrutaba bailar en los bailes que se organizaban en ese tiempo. Tocaba la filarmónica que lo acompañaba a todos sus paseos. Iba al cine «Gris», de su barrio. Era un entusiasta total.

El profesor Ernesto Ledón inspiró a Julián a estudiar carrera de ciencias e ingeniería. El estudiante Martínez Inclán comienza en septiembre de 1957 la carrera de ingeniería mecánica en la Universidad Católica de Santo Tomás de Villanueva. Expediente número 57421, años 1957-1958. Segundo año. Debido a la preparación adquirida en Belén, pudo fácilmente comprender las clases.

Obtuvo el primer lugar en el concurso-oposición celebrado a fin de curso entre los alumnos de primer año de Ingeniería haciéndose acreedor de un diploma.

Su vida espiritual

El bautizo de Julián Martínez Inclán fue el día 27 de agosto de 1939 en la iglesia La Merced.

En Semana Santa, July fue con su familia, en busca de ramos de palma bendita a la iglesia de Monserrate. Tenía 14 meses de nacido. Era el 4 de marzo de 1940. A los seis años recibió la primera comunión. El 2 de mayo de 1948 July, con 11 años, recitó una poesía a la Inmaculada Virgen María en el colegio Belén. Su ideal cristiano se desarrolló en la escuela mencionada y después en la Agrupación Católica Universitaria, en el pase a congregante el 8 de diciembre de 1958. A partir de entonces, Julián estaba envuelto en esas actividades.

Tenía, según Modesto Alonso, una gran fe religiosa, una conciencia social profunda, era muy idealista, y sentía un fuerte deseo de hacer algo importante por Dios y por Cuba. La fe en Cristo de Julián no estaba en contradicción con la mente científica.

July tenía una gran caridad cristiana. Preocupado por las necesidades de los pobres. Quería siempre aliviar esa situación. En su amor al prójimo, July estaba en una clase de finales, de primer año de ingeniería, había que entregar un dibujo de maquinarias hecho con tinta china, el más importante del año. July era el mejor dibujante de todo el curso. Fue premio en dibujo. Había preocupación en el aula por pasar el curso. July dedicó días en ayudar a sus compañeros.

Había un barrio pobre, La Corea, en La Lisa, y despertó la conciencia y la actuación al respecto. Surgió la idea de cooperación entre Julián y sus compañeros de Belén de crear un dispensario médico para ayudar a los necesitados. La Agrupación Católica Universitaria proveería los médicos, asimismo, se pidió a la ACU que enviara a uno de sus miembros a dirigir un círculo de Doctrina Social de la Iglesia. El joven Julián participó en las actividades. El círculo empezó sus reuniones en enero de 1957, dirigido por Humberto Alvira y General Fatjó como ayudante. Después de la misa se discutían los principios fundamentales de la Doctrina Social de la Iglesia.

Eduardo Muñiz decía que el cristianismo de July era un cristianismo genuino. Él sabía que predicar la verdad, defender la dignidad humana y luchar por la liberación total del hombre era un desafío peligroso en un mundo que abandona a Dios. Continuó diciendo Muñiz, que Julián fue consecuente, hasta su final violento, con sus ideales y con su verdadero sentido cristiano de la existencia. Él fue de Cristo porque sintió a Cristo en su corazón.

Sus inquietudes patrióticas

July amaba a Cuba y quería lo mejor para ella. Se pasaba horas hablando de política con Joaquín Pérez Rodríguez. Se discutían las distintas formas, las tesis electoralistas y las revolucionarias. Uno de los hechos que estimularon el interés en la vida política nacional fue la muerte del dirigente estudiantil José Antonio Echeverría el 13 de marzo de 1957, por quien se observó un día de luto.

En abril de 1958, Julián Martínez Inclán y Antonio García Crews acordaron ir a una huelga en solidaridad con otros estudiantes en contra de la represión del gobierno de Batista. A mediados del año 1958, July y Rolando Castañeda llevaron propaganda a la Universidad de Villanueva en contra del régimen de Batista. Laboraban, también, en el periódico *La Voz* y en la publicación *Estovirito*[2].

Son detenidos y registraron el carro, la policía de entonces. No sucedió nada porque no descubrió los papeles antigubernamentales ocultos. Los jóvenes siguieron su camino. July hace revolución contra la política dictatorial de Fulgencio Batista para hacer de Cuba una nación católica en donde todo el pueblo cubano viviera mejor y feliz.

Sentía un profundo amor por su familia, por el prójimo y por la patria. Julián conversaba con su compañero Rolando Castañeda sobre las serias implicaciones de la Doctrina Social de la Iglesia, de un ambiente de formación intelectual que había encontrado en la ACU y de cómo lograr la democracia en Cuba.

El testimonio de Julián era un criterio trascendente de su vida. Su lucha por la justicia y el bien del prójimo estaba motivada fundamentalmente por su concepto religioso Ya en sus misiones patrióticas, el joven católico dio un viaje a Pinar del Río para reconocer la zona y preparar la lucha que se avecinaba.

El 26 de diciembre de 1958, July le revela a su amigo García Crews, que se iba a unir a un alzamiento en Pinar del Río. A las 11 P.M. aproximadamente, de ese mismo día 26, parte el grupo de la ACU en dos automóviles, propiedad del padre de Javier y de Luis Rodríguez rumbo a la provincia pinareña. Desprovistos de armas. Con la fe puesta en Dios y la esperanza de la redención de la patria cautiva. Ya en el lugar, se encuentran los cuatro jóvenes

---

[2] Estovirito, hoja íntima de la ACU para niños.

rezando entre los criminales. Conscientes que irían a morir por Dios porque la vida de ellos estaba señalada en un solo pensamiento y juramento, glorificar a Dios. Del sacrificio por la patria que pedía justicia, para terminar con la dictadura militar del 10 de marzo. Julián Martínez Inclán tenía al morir 19 años.

Carta de Julián Martínez Inclán a su madre

Hoy es un día distinto,
Distinto de los demás.
No es Pascua ni Noche Buena.
Es el santo de mamá.
Ella se llama Angelina.
Es cómica cantidad.
A veces pierde la tabla,
Por eso todos estamos contentos con su presencia.
Pues por su gran complacencia todos la adoramos cantidad.

Tu hijo, Julito
2 de agosto de 1958

Conspiración de cuatro congregantes de la Agrupación Católica Universitaria (ACU)

Después de realizado el aporte biográfico de los cuatro congregante y de la Agrupación y del guía militar viene la lucha revolucionaria contra el gobierno militar de Fulgencio Batista quien produjo un golpe de estado y dañó los estatutos constitucionales de la República de Cuba.

Los jóvenes católicos fueron enviados bajo la dirección de José Fernández Planas a ver al coordinador revolucionario Jaime Cera, situado en Bahía Honda, y éste a su vez los llevaría a entrevistarse con Florencio Pérez y Blanco Martínez que eran los que dirigían la lucha armada en esa región.

Los cuatro miembros de la ACU fueron detenidos y ejecutados en la madrugada del 28 de diciembre de 1958 al pie del Pan de Guajaibón. Ellos, los patriotas y humanos a la vez, con gran generosidad de espíritu perdonaron a la soldadesca del régimen. Entraron en la gloria eterna en estado de pureza de cuerpo y alma.

Ellos eran: Javier Calvo Formoso, Ramón Pérez Lima, José Ignacio Santa Cruz y Julián Martínez Inclán.

Los cuatro miembros de la Agrupación Católica Universitaria siguieron fielmente el mandato de San Ignacio de Loyola: «amar y servir», regla santa de la Compañía de Jesús.

Sus actividades patrióticas se verán en el capítulo 2: Frente a los regímenes de fuerza.

Manuel Sábalo Rodríguez

Nació en Camagüey el 30 de enero de 1927. Era de un carácter afable y jovial entre sus compañeros de plataforma de ideales y amistades. Fue Sábalo dirigente de la Juventud Obrera Católica.

En su conducta revolucionaria fue siempre disciplinado y reservado hasta el extremo, que muchos desconocían su participación dentro de las filas del movimiento 26 de julio. Por esa razón a pesar de sus valientes acciones, pasó ignorado, desconocido. Participó en la acción revolucionaria en la sublevación de Cayo Loco donde se enfrentó heroicamente en los encuentros y combates entre rebeldes y soldados de la dictadura de Batista. Después, sólo la detención por más de cuatro meses lo obligó hacer un paréntesis en su labor insurreccional.

Una visita a la Sierra Maestra, donde permanece algunos días, le señala una nueva responsabilidad, la Sierra del Escambray[3], donde

---

[3] Manuel Sábalo dijo que él había abandonado la sierra del Escambray porque escuchó ciertas conversaciones de Ernesto Guevara que no le agradaron, que se supone, que fueron de orientación comunista.

por más de nueve meses muestra su condiciones de gran combatiente participando en acciones como la «Charco Azul», asalto de trenes, encuentro en la curva de Topes de Collantes, combate de Soledad, la acción de Guanayara, Batey Lora, Grisanto, Itaba, el primer ataque a Topes de Collantes, méritos para alcanzar el grado de capitán el 26 de agosto de 1958.

Pero no quedaría en las sierras mencionadas la participación de Manuel Sábalo, quien cumpliendo nuevas orientaciones se dirige a la provincia de Pinar del Río para organizar un tercer frente en los Órganos que viene a ser la tercera sierra, escenario final del valiente guerrillero que fue asesinado con extrema crueldad por el odiado teniente Jacinto Menocal quien al pretender conseguir una confesión usando como método la tortura al quemar su cuerpo de la cintura hacia abajo, además de sacarle ojos y uñas, sólo escucharía frases inolvidables de un hombre valiente, cuando aún con fuerza en sus palabras le gritara: «Cobardes, terminen de una vez para que vean morir a los hombres del 26 de julio».

Son las palabras finales pronunciadas en el último día de su vida, el compromiso de los cubanos es que aquel ejemplo y sacrificio se haga realidad en la construcción de una sociedad digna de su martirologio.

Manuel Sábalo[4] fue el guía militar de los mártires de la Agrupación Católica Universitaria, José I. Martí Santa Cruz, Ramón Pérez Lima, Julián Martínez Inclán y Javier Calvo Formoso, que sufrieron el sacrificio final con él, en Guajaibón el 28 de diciembre de 1958. Y por último, el cadáver de Manuel Sábalo fue trasladado a Camagüey para su cristiana sepultura dónde nació. Manuel Sábalo Rodríguez tenía al morir 31 años.

---

[4] Sábalo le dijo a sus captores militares que los tenían bajo arresto que dejaran en libertad a los cuatro estudiantes porque el único culpable de la situación era él, que en realidad dirigía la operación revolucionaria.

Un Minuto de Silencio

Por el R. P. René León Lemus

Hace años que no escribimos nuestro minuto de silencio. Hace años que no nos sentamos para conversar a través de este minuto con ustedes. Cuando las páginas del "DIARIO DE LA MARINA" se abrían cada domingo en nuestros hogares y conversábamos con ustedes, no pensábamos que un día el minuto aquel de silencio que le pedíamos para meditar un poco, habría de convertirse en años.

Un año tiene muchos minutos de silencio. Y estos tres años de una Patria que sufre, de unas cárceles repletas de nuestros hermanos, de cementerios donde quedan los restos de aquellos que amaron mucho a Cristo y que meditaron mucho en Cristo, significan muchos minutos de silencio para nosotros, para comprender la amargura, la tristeza, el dolor de los que han vivido tantos minutos de silencio.

Y hoy nuestro minuto de silencio no quiere ser un recordar, quiere ser un volver a Dios. No nos olvidemos que cada minuto de nuestras almas está en las manos de Dios. Acaso por haberlo olvidado muchos, tal vez porque hermanos se sintieron menos hermanos de los hermanos, sin duda porque no quisimos ser como "El Poverello de Asís", un alma dulce que a todos abrazara, aquel minuto de silencio que no dimos a Dios hoy se ha convertido en años que a la fuerza tenemos que entregarle. Nuestro minuto de silencio quiere ser hoy un hacernos volver a Dios. Ver que la mano del Padre no nos deja. Que El ha dado fortaleza para este sufrimiento tan terrible. Que El ha hecho que nuestra juventud madure antes de tiempo. Que El habrá quitado de algunos labios la sonrisa. Que El puede ser que en un instante haya querido demostrarnos a nosotros la necesidad que tenemos de Dios. Pero no nos ha abandonado. Ahí está el ejemplo de nuestras mujeres, con fortaleza para el sufrimiento aunque con lágrimas en las mejillas. Ahí está el ejemplo de nuestros jóvenes que con un "Viva Cristo Rey" han ofrendado su vida. Ahí está el ejemplo de miles que en las cárceles agonizan, sin una sonrisa a su lado, sin una frase de esperanza, sin un consuelo de cuándo será. Y sin embargo, no han renegado de Dios. Ahí está el ejemplo de los que antes no pisaban ni siquiera el atrio de una de nuestras iglesias en los campos y ahora en los días domingueros y en las tardes de cualquier día de semana penetran devotos para orar, para pedir a Dios.

Hemos tenido todo ese ejemplo. El de nuestros mártires, el de nuestras pobres madres, el de nuestros hermanos, el de nuestros hijos. Y ese ejemplo es una prueba de Dios. Ha querido sacar de las cenizas de lo que ha sido un gran incendio de destrucción la prueba de que no todo estaba perdido, de que había fe y que la fe era viva.

Y nuestro minuto de silencio es este para este número de IMPRESIONES. Que Dios no nos abandona, que lo primero que ha hecho es hacer resurgir una fe vibrante en un pueblo que muchos creían pagano.

Y sin embargo, en medio de ese paganismo que decían muchos, había una fe y cuando Dios creyó el momento despertó otra vez la fe y retrocedió el egoísmo y retrocedió el paganismo y hoy en los hogares se reza y hoy se le implora a la Virgen del Cobre y hoy se acude el domingo a la Misa. ¿Por qué? Porque Dios ha resucitado la fe de nuestras cenizas, porque Dios ha hecho que haya un hogar más, una familia más, una Patria más donde su fe ha de estar viva, donde su fe la fe en El, en el Padre sea nuestro sostén y ayuda.

Un minuto de silencio que Dios no nos deja en ningún instante de su mano de Padre.

IMPRESIONES Mayo a Junio de 1963.

Carlos Rodríguez Santana — «Mayor Carlay»

Nació el 21 de julio de 1938, en La Habana, Cuba. Sus padres: Salvador Rodríguez Santana y María del Carmen Estévez Fernández. Hermanos: (de mayor a menor) Salvador y Alfredo. Educación: los primeros grados en el colegio La Salle y más tarde en la Academia Oscar Espín, el Candler College, Academia Santana y en el Instituto de Marianao.

Carlos era un apasionado fanático del béisbol donde sobresalía por sus largos batazos. Tomó un curso de refrigeración en la escuela electro-mecánica del colegio de Belén. El entusiasta deportista estudió ciencias comerciales en la Universidad de La Habana: estudiante de periodismo y estudios de psicología en la universidad José Martí.

Trabajos realizados: inspector de los ómnibus aliados, viajante de medicina, empleado de un laboratorio en La Habana y trabajó en una droguería donde aprendió todo lo relacionado con la labor a realizar.

En sus horas de reflexión y meditación Carlos leyó un libro que alimentó profundamente su alma cristiana: *Camino hacia la paz interior*. Esa paz se logró cuando él se entregó totalmente a adorar a Dios, cambió el aspecto material por lo espiritual y Rodríguez Santana pensó que el único camino que conducía al triunfo eterno, a la felicidad infinita, era en la iglesia de Dios. Con la lectura religiosa, comprendió los males del mundo y los rechazó a plenitud, por ser fiel a la doctrina cristiana.

Ingresó en la Agrupación Católica Universitaria y pasó a Congregante el día de 8 de diciembre de 1958. Lugar que mejor escogió Carlos para acercarse al Divino Maestro, Cristo Jesús.

«Carlay», como le decían cariñosamente tenía gran corazón, poseía una agradable personalidad, joven atractivo, imbuido de grandes ideales.

Era un hombre alto, de pelo color castaño y ojos verdes igual que su padre que falleció cuando él tenía 15 años de edad. Era bien parecido, apuesto, simpático y sencillo. Era muy inteligente. En una faceta de su vida, con menos de 20 años, se dedicó a vender medicinas, y obtuvo un triunfo extraordinario, portando su maletín negro, era una labor bastante difícil. En fin, Carlos Rodríguez Santana fue un buen hijo que cuidaba a su madre por las noches hasta que murió en febrero 26 de 1957. Asimismo, era un buen hermano, noble, con un alma de pureza, santo e idealista. Vivía en el reparto Benítez en Marianao.

Su historia patriótica

Forma parte de la *Legión de Acción Revolucionaria* con Roberto de Varona, José Fernández Planas, Emilio Martínez Venegas, Manuel Artime, Luis Rodríguez, Rafael Rivas Vázquez, Rafael Quintero, y los que más tarde se convierten en Mártires de Guajaibón, Ramón Pérez Lima, José Ignacio Martí Santa Cruz, Julián Martínez Inclán y Javier Calvo Formoso, entre otros. El grupo perteneciente en su mayoría a la Agrupación Católica Universitaria tiene un propósito: combatir al gobierno dictatorial de Batista con la creación de una guerrilla a finales de 1958, en la Sierra de los Órganos, en Pinar del Río.

La intención de fundar el L.A.R. Un frente en busca de una alternativa distinta de la que había en la Sierra Maestra. Pues había preocupación en el Vaticano sobre los ideales de Fidel Castro. Había sospecha de comunismo.

El comienzo del comunismo ateo

La Iglesia tenía razón en cuanto al pensamiento político de Fidel Castro, que en sí era la filosofía del marxismo que venía formándose desde el año 1943. Por ese motivo, Rodríguez Santana aparece con frecuencia los domingos, en el programa «Hacia un mundo mejor», donde entrevista a sus compañeros de los «Comandos Rurales». Pero los ideales cristianos y patrióticos empiezan a pugnar con los planes de la nueva dictadura, el comunismo totalitario.

El patriota cubano ofrece charlas sobre temas sociales a grupos, con Antonio García Crews, amigo de la infancia. Comparten juntos ideales patrióticos. A lo que en una ocasión Carlos le señala, «hay que conspirar».

Preocupado por el destino de la patria, el patriota se une a la fundación del Movimiento de *Recuperación Revolucionaria*, con Manuel Artime, Ángel Ross Escala, Rafael Rivas Vázquez, Emilio Martínez Venegas y Carlos Hernández («Batea»), entre otros.

Ya en trajines conspirativos, a Carlay se le veía hablando con su amigo y compañero de la ACU, Rogelio González Corzo, que más tarde sería Coordinador Nacional de la organización.

Formando parte de la Primera Dirección Nacional, Carlay asume la primera Coordinación Territorial del M.R.R., como medida para extender la organización a toda la isla.

Trabajando en la aglutinación nacional, va a Santiago de Cuba a unir fuerzas en el M.R.R. con el comandante Nino Díaz. Asimismo, el patriota aprovecha la situación del cargo y como viajante de medicina, podía moverse de un lugar a otro, sin ser descubierto por las autoridades gubernamentales.

Carlay protege a Artime cuando éste era buscado por el gobierno comunista, después de su ruptura con el régimen. Cumpliendo otra misión, el 4 de abril de 1960 hace un viaje a Miami a petición de

Manuel Artime para reuniones y planes a desarrollar. El día antes de su regreso para continuar su lucha clandestina, se recibe un mensaje urgente que le advierte no volver pues la policía secreta lo espera en el aeropuerto para detenerlo.

Numerosos miembros de la ACU se incorporaron a distintas organizaciones que operaban en el destierro, entre ellos, José I. Rasco, Manuel Artime y Rubio Padilla.

Rodríguez Santana fue el encargado del grupo de los diez primeros patriotas cubanos que fueron recibidos por la Agencia Central Americana (CIA) en el motel María Antonieta en Fort Lauderdale el día 19 de mayo de 1960. Fueron llevados a Fort Myers, al lugar conocido como Bokeelia, siendo trasladados desde Miami con destino a Useppa Island en forma consecutiva de 66 personas. Carlos recibió entrenamiento en Panamá y el 4 de julio fue trasladado a la Base Trax en Guatemala.

Fueron agrupados muchos de los primeros en llegar al reclutamiento y a los campamentos de la nación centroamericana. Entre ellos: Carlos Rodríguez Santana, Jorge Gutiérrez Izaguirre, Javier Souto Álvarez y Vicente Blanco Capote, entre otros para entrenarse militarmente, como radio operadores e infiltración en julio del 1960 y en ese lugar comenzaron a construir la Base Trax en una altura de 3000 pies aproximadamente.

El 7 de septiembre de 1960 iba en compañía de José San Román, Alejandro del Valle y José Raffo buscando un sitio de entrenamiento, llegaron a una región montañosa de estructura volcánica.

Todos sus compañeros de la Agrupación Católica Universitaria, Emilio Martínez Venegas, Rafael Quintero, Manolo Reyes, José Almeida, Javier Souto, Jorge Giraud, Frank Bernardino, Vicente Blanco, Jorge Gutiérrez Izaguirre, José Basulto y Fernando Trespalacios, hicieron un acto patriótico y rezaron el rosario en memoria de quien fuera en vida Carlos Rodríguez Santana.

Los hombres de la brigada que iniciaron el combate desde barcos y aviones desde distintos puntos de Bahía de Cochinos el 17 de abril de 1961 llevaron en sus uniformes un escudo con el número de orden de Carlos Rodríguez Santana que se tomó como símbolo después de su trágica muerte.

Este combatiente de la libertad y la democracia por Cuba jura fidelidad a Dios y muere en servicio de la patria. Carlos Rodríguez Santana «Mayor Carlay 2506», vivió dedicado a Cristo y firme en su fe, murió por su Maestro y por Cuba. Su cuerpo descendió mientras su alma entraba en la eternidad. Misión cumplida. En la página siguiente se verá cómo sucedieron los hechos que provocaron la muerte de Carlos Rodríguez Santana, «Carlay».

MUERTE DE CARLOS RODRIGUEZ SANTANA 2506

Narracion por Jose Raffo Barrera # 2509, sobreviviente del accidente que le costo la vida a Carlay el 7 de Septiembre de 1960, Vigilia de la festividad de la Virgen de la Caridad del Cobre, patrona de Cuba.

Nos encontrabamos instalados en la Base TRAX, la cual estaba en proceso de construccion y se mezclaban los entrenamientos con las actividades de construir la infraestructura que se necesitaba para instalar a los que iban llegando. En ese momento solamente existian las barracas de Jefatura, Supply, Enfermeria, Cocina, la Barraca donde vivia el Coronel Napoleon Valeriano (a) Vallejo nuestro instructor de Guerra de guerrillas, la letrina de tres, y dos barracas en las cuales estaban instalados los que habiamos llegado. La Base la seguia construyendo Mirto Collazo, Jefe del cuerpo de Ingenieros. En general teniamos un gran espiritu y mucha fe en nuestros aliados.

Como habia necesidad de entrenar al personal, se decidio salir en una mision exploratoria de reconocimiento del terreno para llevar a la tropa a ejercitarse e ir entrando en forma, a tal fin se decidio asignar a cuatro Cadres con ese objetivo, los Cadres seleccionados fuimos: Roberto Perez San Roman #2539, Alejandro del Valle #2546, Carlos"Carlay"Rodriguez Santana #2506 y Jose Raffo #2509.

Cadres se le llamaba a los hombres seleccionados del contigente del grupo inical de Useppa Island, los cuales fueron transportados a Panama en el aerea de Fort Gullik, Zona del Canal de Panama. Alli fuimos entrenados con armas de fuego corta, larga, y de artilleria ligera, bazzoka, mortero 61mm, 81mm y 4.2, canones recoil de 57mm y 75mm. Tecnica de explosivos y practica con los mismos. Ejercicios militares y desarrollo de Guerra de guerrillas, ejercicio de caidas en lanzamiento de paracaidas. Supervivencia en la jungla, en general nuestra preparacion fue limitada por factor tiempo, pero de buena calidad. En ese grupo de Cadres la mayoria eran militares y oficiales del Ejercito Constitucional de Cuba, los unicos civiles eramos Carlos Rodriguez Santana, Frank Bernardino, Carlos Hernandez, Jose Benito Clark, William "Billy" Schuss, Miguel Alvarez Gimeno y yo que era seminarista del Buen Pastor.

Al no tener mapa detallado del area salimos para cumplir con nuestra mision en la manana del 7 de Septiembre, al salir de los predios de la Base TRAX, nos encaminamos hacia el Oeste por un camino siguiendo el firme de la loma sobre la que se ubicaba nuestra base, en direccion aproximada hacia el Norte. Pasamos una pequena aldea, despues supimos que la llamaban "Aurora Chochimil" y pasando la misma oimos hacia nuestra derecha el ruido de una canada. Roberto dijo -"vamos a explorar aqui"- y comenzamos a descender para llegar al rio.

Bajamos en fila india: Roberto San Roman, Alejandro del Valle,"Carlay"y yo cerrando la fila. Cada vez la pendiente se hacia mas inclinada, habia mayor humedad y estaba resbalosa. Como no llevabamos sogas ni equipo apropiado. Roberto sugirio que regresaramos al camino nuevamente y nos advirtio que tuviesemos cuidado y que nos agarraramos a la roca en nuestra subida y no del musgo. Despues supimos que el rio al cual tratamos de llegar se le conoce como "Maricones". Comenzamos el penoso y peligroso ascenso. Seguiamos manteniendo el mismo orden de la fila. Roberto empezo el ascenso, le siguio Alejandro pero Carlos que era el siguiente me dijo:- "sube tu primero Raffo asi termino mi cigarrillo". El perdio el equilibrio y cayo al vacio de espaldas, muriendo en la caida de una distancia de mas de 250 metros de altura. Ello salvo mi vida y ha hecho posible que cuente este incidente que dio nombre a la Brigada, la cual tomo el numero #2506 , el cual le habia sido asignado a Carlos Rodriguez Santana"Carlay".

Cuando regresamos al campamento con la triste noticia se organizaron varios grupos para tratar de ir a rescatar a Carlos, esperanzados que estuviera vivo. Entre los que estuvieron en esos grupos estaba Jimmy instructor americano (el cual meses despues tuvo el accidente conduciendo el jeep donde murio Gustavo Cuervo Galano, Mirto Collazo, Manuel Comella y otros, despues de tanto tiempo la memoria falla, por eso mis disculpas a quienes no menciono en esta narracion. El cuerpo fue rescatado por la pericia de los pobladores de esa zona, los cuales pudieron bajar a rescatar el cuerpo de Carlos. Carlos esta enterrado en esa tierra noble que nos presto un pedacito de ella para entrenarnos.

Esa noche vispera de la Caridad del Cobre, nos reunimos los miembros de ese grupo de cubanos y rezamos un rosario por el alma de "Carlay".

All right reserved. Copyright 2011

Queridos Hermanos:

Estas líneas solo han de llegar a Vds si en mi empeño de lograr una Cuba verdaderamente libre, democrática y justa, soy llamado por Dios.

Mucho sentí el no haber podido despedirme de Vds, de Tía y de Pepe ya que las circunstancias no lo permitieron.

Solo quiero que éste mi último mensaje a Vds no quede en el vacío. Ya ha nacido una nueva Cuba como nunca Vds han imaginado, con hombres sinceros, justos, honrados, rigiendo sus destinos, provisionalmente hasta que el pueblo en libre ejercicio del sufragio elija a sus sucesores sin duda de iguales condiciones. Pero mi mensaje a Vds no se puede reducir a lo que sin duda estarán viendo cuando estas líneas lean, sino a que comprendan, como comprendí yo un día el porqué de mi presencia en esta obra, que su altura, su trascendencia, hacen de sus forjadores humillarse ante su grandeza.

Todo se reduce a un solo pensamiento, a un solo sentimiento a una sola voluntad: Dios. Uds me conocieron en mi época de descarrío, pero Uds no experimentaron como yo, el profundo cambio, que se deduce en quien ha mirado a lo alto desechando lo bajo, de quien deja el lodazal para subir, subir por el único camino que conduce firme y seguro al éxito eterno, a la felicidad infinita: La Iglesia de Dios. Y es por defender ese Camino (ayer bloqueado por el materialismo ateo) para Uds y para los Cubanos, que Dios me llamó al combate y yo respondí presente. A Uds pido no hagan baldío el sacrificio de tantas vidas de Cubanos, que respondan presente, como les demanda esta hora. Será el mejor sufragio que puedan rendir por nuestras muertes. Eleven Uds también su mirada a lo alto, es ahí donde está la verdad y nos engañamos cuando no lo aceptamos. Yo los espero, observando y pidiendo por Uds.
                    Los quiere Carlos

26 de Marzo, 1992

<u>Perdone usted la ausencia de acentos y
puntuacion en general. Mi maquina no los
tiene, ni yo valor para volver a leer lo
que he escrito.</u>

Sr. Agustin Villegas
237 N.W. 34 Ave.
Miami, Florida 33125

Estimado Compatriota Villegas:

He estado muy ocupado trabajando para poder sacar a tiempo un folleto conmemorativo de la invasion a Cuba por la Brigada 2506.

Admiro su consistencia, y estuve pensando si enviarlo a usted a la estratosfera, o acceder a su peticion. Decidi por lo ultimo.

Mi hermano Alfredo, residente en Miami, me comunico que hace mucho tiempo le habia suministrado a usted datos de nuestros hermano Carlos. Conserva usted esa informacion ?

Es muy dificil, despues de treinta anos en el exilio, poder recordar todos los detalles referentes a un familiar. Pero hare lo que me sea posible...

Muy bueno su articulo referente a Manuel Guillot Castellanos. Lo felicito.

CARLOS RODRIGUEZ SANTANA ESTEVEZ

Carlos era un muchacho alto, muy joven, de pelo castano y ojos verdes (como su padre Salvador Rodriguez Santana). Era muy bien parecido, apuesto, simpatico, sencillo. Tal vez muy sufrido a consecuencias del divorcio de Salvador y Maria Estevez —su querida, nuestra inolvidable madre-.

Carlos y Alfredo, quienes tenian uno o dos anos de diferencia, eran "una y carne". Se adoraban. Alfredo debe haber sufrido terriblemente su perdida.

Muy inteligente era Carlos. Recuerdo que, en una de las facetas de su vida, con 20 o menos anos de edad, se dedico a vender medicinas, y tuvo un exito extraordinario. No es facil aprender esa rama de nombres tan complicados, y se necesita una agradable personalidad para poder vender dichos productos a los hospitales, consultas de medicos, etc. Eso si, amigo Villegas - y lloro al escribir esto- lo recuerdo portando su negro maletin...

Me cuesta mucho trabajo seguir escribiendo....

Despues del divorcio, creo que hubo una desintegracion familiar, y aunque estoy seguro Alfredo y yo residimos por un tiempo en la misma casa, alla en el Reparto Benitez, en Marianao, cerca del Colegio de Belen, Carlos -pienso- decidio su propio rumbo...

Nunca olvidare que en una oportunidad me lo encontre —a varias cuadras de mi casa- hablando con Rogelio Gonzalez Corzo. Estaban conspirando abiertamente, jugandose la vida. Por alli vivia Rogelio...

Una vez le pregunte a nuestro comun amigo Jorge Oliva (Pielago) por el paradero y vida amorosa de Carlos, y la respuesta fue que el estaba dedicado por completo a sus ideales, sin pensar en mas nada...

(EN LA REVISTA "GIRON", CON FECHA ABRIL DE 1985, HAY MUCHOS DATOS DE LA VIDA DE CARLOS. SI USTED NO LA PUEDE CONSEGUIR, FAVOR DE AVISARME).

Eramos tres hermanos : yo, el mayor; Carlos, el mediano; y Alfredo, el menor. Nuestro padre: Salvador Rodriguez Santana, alto, muy buen tipo, de ojos verdes. Era Oficial de Sala de la Junta Provincial Electoral de La Habana, y tenia algun parentesco lejano con Alfredo Hornedo.

De nuestras infancias, tenemos que recordar con veneracion a nuestra abuela por parte de madre, Lutgarda Fernandez, quien fue alguien muy especial para nosotros, por el gran carino y cuidado que nos brindo.

Del Reparto Benitez salieron muchos brigadistas. No puedo memorizarlos a todos, pero si a Jose Gonzalez (Chuchu), Domingo Escalante (Lamparita), Carlos.....(TAL VEZ SI USTED LOCALICE A DOMINGO, HIJO DE OSCAR ECHEMENDIA, EX CONDUEÑO DE " TROPICANA " pueda recordarlos a todos).... (O a Jose Gonzalez : su padre era dueño de la Farmacia ubicada en la Calzada de Columbia y Calle 6, Reparto Benitez, y era conocido por "Tatico").

Que mas puedo decirle de Carlos ?......De gran corazon, atractivo joven, imbuido de ideales. Tal vez por su asociacion con los catolicos. Solo quisiera saber si los sacerdotes y demas que lo "adoctrinaron" tambien ellos se jugaron sus vidas por la causa democratica....Algun dia lo sabre...

Carlos Rodriguez Santana Estevez, "Carlay" : buen hijo, buen hermano, noble, muy puro casi santo , idealista, de lo mejor de nuestra juventud pasada. Sin una gran fortaleza fisica -lo que tal vez le costo la vida- se alisto en un proposito militar de grandes exigencias y sacrificios. Dios quiera, Villegas, que no haya sufrido al caer de aquella montaña en la Sierra Madre. Dios lo quiera. Dios quiera que unos segundos de angustias, al caer, hayan terminado de pronto.

Cuanto le debemos a los Carlos, a los Rogelios, a los Manolos, a tantos y tantos de nuestra mejor sangre cubana. Son parte de nuestra tierra ensangrentada y martir. De la casta de los Marti, Maceo, Sanguily, Agramonte, Cespedes... y todos nuestros patricios.

CUBA SERA LIBRE, Villegas, y alla, Dios lo quiera, los honraremos a ellos.

POR LA LIBERACION DE CUBA,

Salvador Rodriguez Santana
145 E. 44th St. 204
San Bernardino, Cal. 92404

HERMAN KOCH GENE

Del testimonio y la predicación del Divino Maestro se aprende a vivir bellamente. De acuerdo a Su Palabra confirmada declara enfáticamente: «Yo soy la Resurrección y la Vida. Quien cree en mí aunque haya muerto vivirá; y todo aquel que vive y cree en mí no morirá para siempre» (Evangelio de San Juan 21:25-26).

Esta belleza y contenido de la Palabra bíblica es un tesoro inapreciable de la literatura que bien vale la pena aplicarlo al joven caído por el amor de una patria feliz con sabor a Cristo, en las arenas de Girón. Allí escribió su nombre para la historia de las futuras generaciones, Herman Koch Gene.

Nació en la capital de la República de Cuba, La Habana, el día 16 de junio de 1939. Fueron sus padres: Herman, nacido en los Estados Unidos de Norteamérica, y María, cubana de nacimiento. También participan de la familia Koch, sus dos hermanos menores, John y Miriam.

Herman cursa su enseñanza primaria en el Colegio San Agustín, mostrando desde muy temprano sus inquietudes sociales y su sentido de caridad cristiana. Prestaba su generosa ayuda con los Padres Agustinos de la Parroquia en su escuela gratuita, y en las tareas sociales de la misma.

Herman ingresa en los Boy Scouts, formando parte de la tropa 34, de la que fue jefe. Fue un gran entusiasta de las excursiones y de su tropa.

Después continuó sus estudios. Esta vez en el Colegio Baldor, y en el Instituto del Vedado, donde logró obtener su bachillerato. Más tarde, se matricula en la Universidad de La Habana, en la Facultad de Derecho.

Como católico práctico, fue miembro de los Escuderos de Colón, en cuya organización ocupó lugares destacados. También fue miembro de la Juventud Estudiantil Católica en el mismo Colegio Baldor, estando a cargo de la redacción y publicación del periódico *Federito*.

Entró en la Agrupación Católica Universitaria, y se hizo congregante de ella, el 3 de diciembre de 1960, junto con Carlos Rodríguez Santana, quien muriera en un accidente en los campos de entrenamiento militar, ya que se encontraba en labores a realizar por la libertad de Cuba. ¡Qué coincidencias tiene la vida humana, los dos combatientes de la libertad, juran el mismo día fidelidad a Dios como agrupados católicos, y ambos mueren, víctimas de un accidente fatal!

A partir de entonces, las visitas de Herman a la casa de la Agrupación Católica Universitaria eran constantes y seguidas, hasta que se familiarizó con ella. Era humilde, sereno, callado. En fin, era un devoto, un sentido enamorado de la causa de Cristo. Siendo ya miembro de la ACU participó como delegado de la Conferencia Mundial de Juventudes (World Association of Youth).

Ya Castro en el poder político de Cuba y su carácter comunista, hizo pensar al joven Koch en enfrentarse a su tiranía despiadada. Comienza la lucha. Herman participa con los estudiantes en la protesta contra Anastas Mikoyan, por haber considerado la persona de éste, y la ofrenda de un pueblo, e incluso el crimen cometido contra el pueblo de Hungría no se ha borrado. Queda perenne como una condena de un pueblo en busca de su libertad.

Como desagravio al insulto de Mikoyan, los estudiantes depositaron una ofrenda floral ante la estatua del Apóstol inmolado en Dos Ríos. Este hecho ocurrió el 4 de febrero de 1960, en el Parque Central de La Habana, donde la tiranía se alteró violentamente y motivó las detenciones masivas del estudiantado. Entre los estudiantes se encontraba Juanín Pereira Varela, asesinado más tarde, el 17 de diciembre de 1961 y Manolín Guillot, fusilado el 30 de agosto de 1962, en la consecución de un mismo fin y un mismo ideal, la Independencia de Cuba.

Herman trabajó intensamente en los grupos clandestinos del Movimiento de Recuperación Revolucionaria. Su sueño era una Cuba cristiana. Es decir, una Cuba espiritual sobre material.

Herman sale de Cuba el 4 de julio de 1960, con la idea de regresar a la Patria Mártir con las armas en las manos. ¡Qué bello ideal el de luchar por la patria amada!

Ya Herman en tierra de Libertad, quiso participar en las misiones de los teams de infiltración que se realizaban regularmente a la isla cautiva pero debido a su origen norteamericano por parte de su padre, sintió escrúpulos de implicarlo, absteniéndose de ello. También sus superiores opinaron que él podría ser más útil en la naciente y creada Brigada de la Liberación Nacional de Cuba. Herman, espíritu verdaderamente místico, generoso, dispuesto a servir en todo momento. Ejemplar en todo orden. Animó su vida un gran deseo patriótico.

El joven Koch entra en los campamentos militares[5] con el número 2623 Batallón 1 de Paracaidistas.

---

[5].Herman Koch llegó a Guatemala el 21 de agosto de 1960 a la finca Helvetia. Fue el segundo grupo que llegaba de Miami. El primero había llegado en junio de 1960. Posteriormente llegaron otros los días 28, 30 de agosto y los días 6, 9, 19, 28 de septiembre. Total 206 reclutas y tuvieron el trabajo más duro de construir la Base Trax en condiciones terribles, de lluvia todos los días. Ellos formarían parte de los teams Gris y Negros, según el plan ideado por el coronel Napoleón Valeriano Vallejo.

Trabajó vehementemente como voluntario en la construcción de los campamentos, sufriendo enfermedad debido al exceso de trabajo que acumulaba sobre sí mismo. También tuvo la preocupación de cuidar personalmente a otros enfermos[6], y renunció a diferentes posiciones que pudo haber ocupado, buscando siempre los lugares de mayor peligro.

Herman se especializó en el manejo de la bazooka en los campamentos de entrenamiento militar.

Llega el momento crucial e histórico. Era la madrugada del 17 de abril de 1961. La hora del desembarco a tierra cubana ha sonado. Cuba está en guerra. En esos instantes descendía de su paracaídas el joven Herman Koch, y fatalmente, cae ametrallado por una ráfaga fulminante que le segó su existencia en pleno descenso a tierra. Es decir su vida física fue arrebatada, pero no su vida espiritual. Esa vida la recogió Dios en el aire en el momento de su muerte. Tal vez, Dios en su inmensa misericordia, quiso salvarlo de lo que venía después, los horrores del comunismo, o quizás para que no viera tanta impiedad inmunda y criminalidad impune. Allí, en tierra de Girón quedó prendido el cadáver de aquel joven que apenas tenía 22 años, que cargó con su inmensa cruz y la llevó a los campos del combate y del deber.

La familia del joven Koch[7] piensa que: «la vida de él era tan limpia y tan pura que era imposible que viviera una larga vida porque Dios quería que estuviese a su lado para tenerlo para sí. Era una reliquia».

---

[6] Había un enfermo en el campamento y Herman Koch debajo de la lluvia iba a buscar la medicina aunque estuviera en otro lado. Herman era uno de los muchachos más queridos del batallón de paracaidistas. Era un muchacho con visiones morales y espirituales extraordinarias. Sus compañeros hicieron un compromiso cuando Cuba sea libre poner a la escuela de paracaidistas, *Escuela de Paracaidistas Herman Koch*. Herman era querido desde el último soldado hasta el jefe del batallón. Carlos Navarrete, compañero de Herman Koch, fue quien recogió el cadáver.

[7] El padre de Herman Koch quería viajar a Cuba para saber dónde se encontraba su hijo.

Dice la Agrupación Católica Universitaria que «el sueño de Herman Koch fue la Cruz y la Estrella y sembrarla en los cielos de Cuba». En aquella madrugada del 17 de abril, Herman fue de los primeros en besar la Cruz y en ver la Estrella, pues aquella mañana, mientras se lanzaba al espacio rumbo a su tierra amada, fue tiroteado y minutos después moría en aquellas playas que él había ido a liberar. Cristo lo llevó primero.

Dice el R.P. Luis Maderal SJ, quien conoció y trató personalmente a Herman Koch, «Herman era un hombre de una humildad poco común, de un temperamento dulce y austero. No se puede pensar en temperamento dulce y austero. No se puede pensar en él, sin que le venga a uno un corazón de paz y alegría».

Herman dejó escritas sus meditaciones de patriota íntegro y sus ejercicios espirituales como enseñanza de un cristianismo puro.

Por último, quisiera señalar lo que dijo la Agrupación Católica Universitaria, del joven Herman Koch: «Tiene Cristo una Cruz redentora. Tiene Cuba una estrella de luz».

Martí decía que son héroes los que pelean para hacer a los pueblos libres y por defender una gran verdad, como en el caso de los muertos frente al régimen comunista de Cuba.

Cuando se muere en brazos de la patria agradecida,
la muerte acaba, la prisión se rompe, empieza,
al fin, con el morir la vida.

José Martí

COPIA FIEL DE LA LIBRETA DE APUNTES DE MI HIJO HERMAN KOCH Y GENÉ´MUERTO EN ABRIL 17, 1961 EN LA FRUSTADA INVACION DE PLAYA GIRON, CUBA.-

-1-

A la intervención divina, clara y continua, corresponde una docilidad vigilante y generosa.

-2-

No soy yo quien vivo, sino que es Cristo Quien vive en mi.

-3-

Todo el trabajo que de acuerdo con la Gracia, desarrollamos en nosotros mismos, no tiene otra finalidad que el reino de Cristo, avasallador, conquistador, transformador.

-4-

Cuando el amor propio ha sido vencido, el unico que sale ganando es el amor de Dios, pero precisamente esta victoria solo puede lograrse y mantenerse a costa de un serio trabajo de ascesis.

-5-

La acción divina debe encontrar en nosotros un cooperador hábil y competente a la medida de la Gracia recibida. En ningún momento debe darse la impresión ni aun pasajera de un desfallecimiento en el celo exclusivo por la gloria de Dios; de una desviación por insensible que fuera en la marcha hacia el amor. Al lado de esto hay que colocar el trabajo agotador y sin tregua lo que habremos de afrontar con la salvaguardia y la intensificación de nuestra vida interior.

-6-

La renuncia a las ruqiezas perecederas y a las vanidades del mundo sirven para preparar, para hacer posible esa otra renuncia mas honda la del propio yo.

-7-

Renunciar a si mismo para servir de ejemplo y poder exigir de sus fieles un renunciamiento igual.

-8-

El Reino de Dios, la Gloria de Dios. Hay radica el único movil de toda actividad.

-9-

El renunciamiento, el sentido de la abnegación, el espiritu de sacrificio incansablemente acrecentado. La caridad. Esta es la palabra final.

hoja No. 2.-

-10-

La vida interior es la caridad en acción: El exito de nuestras empreses para la Gloria de Dios y la salvación de las almas dependen principalmente de la caridad que se dilata.

-11-

La bondad que ha de caracterizar nuestras relaciones con el projimo debe ir de mano con el cuidado de una necesaria superioridad: superioridad de una profunda vida interior, superioridad de una virtud que ponga su sellos en todos los actos de nuetra vida privada y publica, superioridad de un espiritu abierto, todo impregnado de Caridad.

-12-

El equilibrio entre nuestra inferioridad como hombres y la nobleza de nuestra misión de ningún modo se salva o restablece mejor que con el cuidado de juzgarnos imparcialmente y de aceptar de parte de los demás o de las circunstancias, las heridas de nuestro amor propio.

-13-

Mientras vivimos estamos siempre entregados a la muerte por amor de Jesus. Al hacerse abstracción de si mismo se soporta "Todo".

-14-

Se hace buen negocio con las ingratitudes, con las contradiciones mas violentas y arbitraria. Lo que reinvica es la gloria de Dios. No hacerse iluciones acerca de nuestra capacidad.

-15-

Que abismo existe entre la regularidad de una vida sin faltas exteriores, una vida aparentemente irreprochable y el ideal de un perfeccionamiento siempre ascendente, al que necesariamente ha de preceder y acompañar la renuncia sistemática e implacable, no solo a los obstáculos exteriores que se opongan al obligatorio adelantamiento sino la renuncia a nosotros mismos, a nuestros sentidos, a muestros intereses, a nuestras miras mezquinas y egoistas.

-16-

La vida virtuosa exige una fuerza de voluntad capaz de superar con la Gracia de Dios todos los obstáculos de soportar todas las contrariedades de conservar la confianza, la calma y la serenidad en medio de las mas bravas tempestades.

-17-

La mas viva y profunda tristeza no es incompatible con la alegria imterior que da la conciencia de permanecer fiel a la voluntad divina.

-18-

El desinterés debe ser piedra de toque del celo conquistados.

hoja No. 3.-

-19-

Desinterés { Material / Espiritual

Pureza y profundidad de doctrina.
Intensidad sobrenatural de su acción.
Unica meta: Dios, amor infinito.
La consecuencia de la superficialidad es que se tiene la conciencia de no poseer el verdadero bien. Se tiene hambre de Dios.

-20-

Hacer conocer, para hacer amar.

-21-

Toda la vida esta jalonada de cruces, pero hay periódos en que el instrumento de nuestra salvación se hace dificil de llevar, mas pesado, o en que en su presencia en el camino se hace mas constante incluso mas obsesionante. En una de esas horas nos encontramos y seria inutil negarlo. Se nos da a escoger entre tratar de evitar lo inevitable o hacer de ello valientemente el arma de regeneración social, eficaz y finalmente triunfadora. No habrá victoria sobre las pasiones, desencadenadas durante tanto tiempo hasta el paroxismo sin la instauración honda y sistematica de la cruz y de su doctrina en las costumbres públicas.

-22-

La mayor prueba de amor es dar la vida por aquellos a quienes se ama.

-23-

Los conocimientos mas profundos no son un término en sí mismo ni la finalidad que persiguen nuestros esfuerzos. Son un medio solamente. Constituyen los elementos indispensables, los materiales para el gran edificio que debe levantarse en las almas y en el mundo al Amor Infinito.

-24-

La caridad sincera no es efectiva sino en la medida en que está dispuesta a manifestarse: obedeciendo a Dios o en favor del projimo.

-25-

No seremos aptos para elevar a los demás sino en la medida en que nos entreguemos, con generosidad y perseverancia a nuestra propia perfección.

-26-

Las armas del soldado bueno de Xto. son en primer lugar, las virtudes teologales; la fé, la caridad y la esperanza; principio fin y medio de la vida cristiana.

hoja No. 4.-

-27-

Toda nuestra actividad será inútil y vana si no conduce a la dilatación de la caridad la virtud maestra.

-28-

Toda nuestras ambiciones, toda nuestra actividad han de tender a intensificarla por medio de la oración y los principios digo, sacramentos.

-29-

El gran obstaculo para la fecundidad redentora de nuestro apostolado es la superficialidad que excusa en cierta medida, y agrava muchas veces la super-abundancia de nuestras ocupaciones y el ritmo descabellado de actividades.

-30-

¿Estamos animados siempre y en primer lugar por la gloria de Dios y la salvación de las almas, y nos dejamos guiar por moviles terrenos?

-31-

La prudencia no excluye la caridad y la paciencia.

-32-

Vestios de la caridad que es vínculo de perfección.

-33-

Antes de trazar planes, antes de ponerlos en práctica, nuestra primera preocupación ha de ser nuestra perfección personal.

-34-

La unica meta que debemos alcanzar: la Gloria de Dios y la salvación de las almas.

-35-

La piedra angular del edificio de la prosperidad nacional es el espíritu de disiplina.

-36-

El clima de nuestra vida sobrenatural es la caridad.

-37-

El terreno que requieren el desarrollo y la plenitud de la vida sobrenatural por medio de las virtudes teologales, es la humildad.

hoja No. 5.-

-38-

Es preciso que la fé sea activa. La fé y la esperanza deben servir de vehiculo a la caridad. Creer sin obrar, sin darse, sin entregarse al amor, es condenarse a sí mesmo "AMARAS al Señor tu Dios y al prójimo como a ti mismo.

-39-

El hombre se embriaga pronto con el poder que se le otorga para una finalidad que le sobrepasa y en la que el amor propio no debiera tomar parte.

-40-

La unica realidad que es manantial de verdadera felicidad: la vocación al cielo.

-41-

La medida de la liberalidad con que la gracia nos es repartida depende mucho de la intensidad y fecundidad de nuestra fé.

-42-

El objeto de la esperanza es la felicidad eterna.

-43-

No contar con nosotros mismos, sino intensificar sin tregua nuestros esfuerzos de correspondencia a la gracia, vigilar y reprimir las fluctuaciones de una voluntad siempre inconstante, remitirse para lo demás a la misericordiosa bondad de nuestro Redentor y Juez: esta es la linea de conducta que nos traza la esperanza.

-44-

Los actos mas generosos, los gestos mas decisivos en apariencia, las manifestaciones mas categoricas de los dones mas deslumbrantes no pueden tomarse siempre como piedra de toque de la caridad.
La caridad no es envidiosa.
La caridad no es ambiciosa, nada se aferra tanto al corazon humano como la forma de egoismo que llamamos ambición. El hombre viejo tiene en nosotros raices tan profundas, sus sentimientos quedan tan vivos dentro de nosotros, que al menor relajamiento de la vigilancia, que ha de ser continua, implacable, comprobamos la progresiva invasión de puntos de vistas que nos avergonzaria manifestar en público. El amor a nosotros mismos ha perjudicado al amor que debemos a Dios.

-45-

La caridad no es jactanciosa.
La caridad no busca su propio interés. Por lo menos no lo saca de quicio. La caridad no se irrita. La caridad no piensa mal.
No tendriamos que reprocharnos ni juicios temerarios ni criticas, ni palabras aventuradas, ni interpretaciones que no estuvieran soli-

hoja No. 6.-

damente fundada en razón. La voluntad fija, obsesionante, de reparación, es nota distintiva de las almas grandes, santas. La caridad es paciente, es benigna; todo lo sufre, todo lo tolera. La mansedumbre y la paciencia son dos aspectos necesarios de la caridad. Los caracteres man violentos tienen que ejercitarse en la paciencia y en la mansedumbre: en una mansedumbre firme, intransigente frente al mal, ante el que no capitula jamás. Que impresión tan xp profundamente edificante se experimenta viendo a un cristiano, quedar impasible ante la contradición, la incompresión, la hostilidad, la injusticia flagrante o simplemente ante las inoportunidades mas manifiestas y frecuentes.

-46-

Ser manso y paciente en la prueba es renunciar a sí mismo sin preocuparse de las reacciones de la naturaleza, que levantan quiza, violentas tempestades interiores.

-47-

La caridad todo lo cree se complace en la verdad. La verdad que debemos de amar por arriba de todo, nos impone el deber de declarar al mal una guerra sin cuartel.

-48-

Hace falta una gran dosis de amor al servicio de una doctrina clara.

-49-

La vida cristiana tiene que penetrar todo nuestro ser para desarraigar, primero al hombre viejo y para infundirle luego un espiritu nuevo.

-50-

Para ser hombre autenticamente espiritual es imprescindible estar sumergido en la caridad de Cristo.

-51-

Toda la Ley se resume: Amarás a tu prójimo como a ti mismo.

-52-

Debe haber voluntad decidida para evitar toda ocasión de escandalo, de renunciar a derechos justos por no poner en peligro el alma de algún hermano.

-53-

Cualquier negligencia, cualquier imprudencia, si es perjudicial para el bien público, no alcanza solamente al projimo, sino al mismo Cristo.

hoja No. 7.-

-54-

Nada es tan facil como quebrantar el gran mandamiento con palabras desconsideradas, imprudentes, torpes, en el calor de la discución o bajo el impulso de la envidia.

-55-

Al siervo del Señor no le conviene altercar, sino mostrarse manso con todos, pronto para enseñar, sufrido, y con mansedumbre corregir a los adversarios, por si Dios les concede el arrepentimiento.

-56-

El ejercicio habitual y generoso del verdadero amor lleva ciertamente consigo dolorosos sacrificios sobre el amor propio y el egoismo.

-57-

Pero hay que hacerlos espontaneamente, libres de tido espiritu de temor.

-58-

Hacer tabla rasa de los agravios mas dolorosos, no guardar rencor por faltas verdaderas o supuestas, exige no una victoria sino una seria de victorias sobre el amor propio y el egoismo y esto, no obstante seria detenerse a mitad de camino porque hay que ir mas allá y tomar parte en los sufrimientos en las necesidades en las miserias de nuestros hermanos.

-59-

Subrenid a las necesidades de los santos, sed solicitos en la hospitalidad. Bendecid a los que os persiguen, bendecid y no maldigais. Alegraos con los que se alegran, llorad con los que lloran.

-60-

No basta el acto exterior, sino el deseo intimo de hacer el bien, hacerlo por espontaneo reflejo de una disposición interior libremente querida. "Quien practica la misericordia, hagalo con alegria".

-61-

la persecución, la resistencia de las fuerzas del mal hay que tomarlas como un elemento de fecundidad. Pero no hay que desconcertarse, sino al revés: prepararse a recibirlas con calma, con confianza, con una serenidad de alma inquebrantable.

-62-

La paciencia es la virtud cristiana que nos hace soportar con ecuanimidad por amor ~~axRixxxdxxRixxx~~ de Dios y en unión con

hoja No. 8.-

Jesucristo, los sufrimientos físicos y morales. Entendemos por sufrimiento no solamente las ~~contradiciones~~ contradicciones dolorosas, las pruebas de toda indole, sino tambien todo lo que descompone nuestras aspiraciones, como el fracaso, los esfuerzos laboriosos pero vano en apariencia, todo lo que exige de nosotros una tenacidad llevada a veces al extremo y un gran desinteres personal.

-63-

Nos gloriamos hasta en las tribulaciones, sabedores de que la tribulación produce la paciencia; la paciencia la virtud probada, y la virtud probada, la esperanza.

-64-

A sufrir se aprende. Sufrir bien es un arte delicado y sutil, tierno y robusto, que supone un aprendisaje largo, perpetuo. Hay que practicarlo no escogiendo las pruebas que nuestra pusimilidad quisiera mediocres y por tanto poco eficaces sino aceptando con valor y perseverancia las contradiciones, los golpes, los desgarrones, los sufrimientos de todo genero.

-65-

Mostramonos en mucha paciencia en tribulaciones en necesidades en angustias, en fatigas, en desvelos en ayunos en prisiones, en tumulto.

-66-

Tribulación y alegria: Superabundo de gozo en medio de mis tribulaciones. No solo no se teme sino se les considera elementos de su felicidad.

-67-

Preparémonos a trabajar en ~~xp~~ profundidad, sin precipitación y sin preocuparnos de los resultados en los que pudiera hallar pasto el amor propio.

-68-

Los trabajadores mas infatigables serán recompensados solo según la medida en que se hayan olvidado de sí mismo, en que no hayan buscado el provecho personal de su celo.

-69-

La paciencia es la virtud de los fuertes. Es tambien la de los triunfadores.

-70-

Teniendo con que alimentarnos y con que cubrirnos estemos con eso contentos. La raiz de todos los males es la avaricia.

-71-

La forma mas segura de felicidad para esta vida: la moderación de los deseos. El hombre cuyas exigencias son limitadas, cuyas aspiraciones son modestas estima y goza serenamente el bien mas pequeño. Multiplicando nuestras necesidades multiplicamos a la vez las ocasiones de inquietud y sufrimiento.

-72-

Es inegable que el estorbo de los cuidados terrenos lleva fatalmente consigo un descenso en la vida interior un relajamiento de la caridad.

-73-

La conquista de las riquezas sobrenaturales presupone un despojo doloroso. Es necesario empobrecerse hasta desnudarse de ~~todo~~ de todo lo que el mundo estima, para llenarse de tesoros de un orden incomparablemente superior.

-74-

No te dejes vencer del mal: antes, vence el mal con el bien. Nuestra desconfianza hacia él tiene que ser extremado desde el principio.hasta el fin de nuestra vida.

-75-

El punto de partida es la decisión resuelta de combatir, en uno mismo y a su alrededor, el desorden bajo cualquier forma que se presente.

-76-

La audacia de los malos está formada en gran parte de la pusilanimidad de muchos cristianos que pierden su sangre fria al pensar en sus manejos en lugar de hacerles frente.

-77-

Hay muchos de entre nosotros que no son todavia victimas del mal, pero que no son sus enemigos.

-78-

Se triunfa de la perversión bajo todas sus formas haciendolas frente con intripidez invencible con intransigencia implacable, sin dispensarse por ello jamás de guardar para con todos la más exquisita caridad.

-79-

No podremos contribuir a tener la unión y la paz en nuestro alrededor sino estando siempre en la brecha, siempre alerta para prevenir o rechazar los asaltos de la ~~corrupción~~ corrupción.

Hoja No.10.-

-80-

Tenemos que renunciar sin tregua, cueste lo que cueste, a los atractivos de una vida fácil, tranquila sin choques y sin grandes complicaciones.

-81-

Responder al mal con el bien, no de tiempo en tiempo, sino habitualmente y por principio, es un deber de todo cristiano.

-82-

Triunfar del mal por el bien, transformar el mal en bien, es sacar de él provecho para nuestro adelantamiento espiritual. Es convertirlo en una fuente de mérito por la paciencia con que lo soportamos. Solo a este precio se adquiere la santidad.

-83-

Nos lamentamos de no tener exito o no será tal vez que no cumplimos con la debida generosidad este programa: No te dejes vencer del mal: antes, vence el mal con el bien.

-84-

Ya no vivo yo es Cristo quien vive en mi.

-85-

Sed diligentes sin flojedad, fervorosos de espiritu... Vivid alegres con la esperanza, pacientes en la tribulación, perseverantes en la oración.

-FIN-

Virgilio Campanería Ángel

Nació el 5 de agosto de 1938 en la clínica La Católica Cubana. Sus padres: Juan Manuel Campanería Interián y Gertrudis Ángel Berriz. Hermanos: (de mayor a menor) Juan Manuel, Armando, Gertrudis, Alberto, Raúl y Néstor.

Virgilio vivía con sus padres y hermanos en el central «Conchita» donde su padre era administrador y donde recibió su primera enseñanza de parte de la maestra Silvia Fernández.

Virgilio cursa sus primeros grados (desde el primero hasta el tercero) bajo la dirección de una maestra privada, la profesora Pérez. Continuó sus estudios en el colegio Belén de los padres jesuitas, interno desde el cuarto grado hasta el sexto.

Campanería tomó cursos de verano con la familia Cruz Álvarez en la escuela Baldor. Luego, se matricula en el citado plantel escolar donde logra su primer año de bachillerato. Más tarde, ingresa en La Habana Military Academy donde cursa el dos, tres, 4 y quinto año, graduándose de bachiller, e hizo el discurso de graduación en junio de 1957.

Inicia Virgilio la carrera de derecho en la Universidad de la Salle en los años 1957-58 en plena lucha contra el gobierno dictatorial de Batista, como miembro del «26 de julio». Sigue en la Universidad de La Habana en la Escuela de Derecho, desde junio de 1959 hasta enero de 1960, ya que no llegó a completar el año por los sucesos que ocasionaron la protesta estudiantil ante la presencia del comisario ruso Anastas Mikoyan por la ofensa a la memoria del apóstol José Martí en el Parque Central de La Habana el 5 de febrero de 1960. Se une a la manifestación contra la presencia del comisario ruso Anastas Mikoyan.

No obstante, el catedrático y profesor universitario Inclán felicitó a Virgilio por sus altas calificaciones en los exámenes y estudios a realizar. Campanería tenía relaciones con Miriam Suárez con compromiso a casamiento. Él era un fiel devoto del catolicismo.

Sus actividades patrióticas

Virgilio cursaba primer año de Ciencias Económicas en la Universidad de Villanueva cuando volvía a la lucha, pero esta vez fue contra la doctrina totalitaria del comunismo. Se incorpora con su compañero Alberto Tapia Ruano a la organización «Salve a Cuba» en la dirigencia estudiantil. En diciembre de 1960, forman parte del Directorio Revolucionario Estudiantil, llegando a ser, Virgilio, segundo Jefe de Suministros. Llevando acciones de grandes peligros.

Cuándo Virgilio Campanería laboraba en la preparación de varios contra-sabotajes al régimen marxista, fue detenido en unión de Alberto Tapia Ruano y Tomás Fernández Travieso en la casa sita en la calle 32 en el Vedado por la delación de una vecina comunista. Los tres fueron conducidos a la prisión del G-2 y remitidos a la Fortaleza de la Cabaña[8] siendo juzgados por un tribunal incompe-

---

[8] El obispo Fernando Azcárate en sus visitas a los presos políticos tenía conocimientos de los ejercicios espirituales de Virgilio Campanería Ángel como aspirante de la ACU. También, el padre Llorente dice que él lo hizo congregante en la distancia, o sea el sacerdote en Miami, desde el exterior y Virgilio preso en la Cabaña.

tente y condenados a muerte Virgilio Campanearía y Alberto Tapia Ruano. Tomás Fernández Travieso, por ser menor de edad, y Manola Álvarez Borbón, por ser mujer, fueron condenados a 20 años de prisión.

Virgilio[9], tanto él como Alberto, con su entereza de carácter, con su valor personal y su fe en los destinos de la patria se manifestaban en las cartas del 17 de abril de 1961, al morir valientemente ante un paredón, diciendo, «*Viva el Directorio, Cuba Libre y Cristo Rey*» y cantando el himno religioso, *Tú Reinarás*.

> *«Luchar contra el comunismo equivale a luchar contra el ateísmo militante y activo que no se conforma con negar a Dios que además trata de arrancarlo del corazón de los hombres».*
>
> Andrés Valdespino

El obispo Fernando Azcárate en sus visitas a los presos políticos tenía conocimientos de los ejercicios espirituales de Virgilio Campanería Ángel como aspirante de la ACU. También, el padre Llorente dice que él lo hizo congregante en la distancia, o sea el sacerdote en Miami, desde el exterior y Virgilio preso en la Cabaña.

---

[9] La última petición de Virgilio fue la de pasar a congregante de la Agrupación Católica Universitaria y su deseo fue concedido. Allí, de pie, medalla de la A.C.U. sobre el pecho hizo retumbar Virgilio los muros de la Fortaleza de la Cabaña con el grito de «*¡Viva Cristo Rey! ¡Viva Cuba Libre!*» A partir de ese momento se encuentra el bravo combatiente con su compañero Alberto en el cielo.

Carta póstuma de Virgilio Campanería Ángel

La Cabaña, Cuba 17 de abril de 1961

A mis compañeros estudiantiles y al pueblo de Cuba en general:

En estos momentos me encuentro esperando la sentencia del tribunal que me juzgó. La muerte no me preocupa, porque tengo fe en Dios y los destinos de mi Patria. Mi muerte será otro paso atrás de los que pueden ahogar con sangre las ansias la libertad del pueblo cubano.

No le temo, que venga la muerte; yo soy feliz porque ya veo libre a mi Patria, ya veo cómo suben jubilosos mis hermanos la gloriosa Colina, ya no habrá más odio entre hermanos, ya no habrá gargantas que pidan paredón. Todo será amor entre cubanos, amor de hermanos, amor de cristianos.

Pobre Cuba, cuánto ha sufrido, pero la Cuba nueva surge del odio para sembrar el amor, de la injusticia para sembrar la justicia, justicia social, no demagogia engañadora de pueblo; una Cuba madura porque ya conoce todos los engaños y a los farsantes; una Cuba para los cubanos y «con todos para el bien de todos».

A ti, estudiante, te cabe la gloria de liberar a la Patria y de levantar esta Cuba nueva.

¡Viva Cristo Rey!
¡Viva Cuba Libre!
¡Viva el Directorio Revolucionario Estudiantil!

Rogelio González Corzo: «Francisco»

Miles de jóvenes han ofrendado sus vidas en la lucha insurreccional por la libertad de Cuba. Hoy traemos a nuestras páginas la historia de un joven, Rogelio González Corzo, que luchó y murió dignamente, cristianamente, con la frente en alto, ante los escudados en el engaño y la mentira, han traicionado la fe de un pueblo, cuyo destino no puede ser vivir esclavo.

La vida de Rogelio González Corzo, «Francisco», es bella, hermosa y útil. Nace en La Habana el 16 de septiembre de 1932. Cursa su primera enseñanza en el colegio San Francisco de Sales. Más tarde pasa al colegio de Belén en donde termina el bachillerato. Posteriormente se gradúa de ingeniero agrónomo, con brillantes calificaciones, en la Universidad de La Habana. Fue hijo ilustre y ejemplar de un matrimonio cristiano, formado por Manuel González y Gloria Corzo. Familia modelo integrada, además, por dos hermanos mayores: Manuel e Isidro. «Francisco» fue en vida un joven profundamente católico práctico, de comunión diaria y miembro, en grado de congregante (8 de diciembre de 1952), de la Agrupación Católica Universitaria.

Al principio de la nefasta revolución, robada miserablemente a sus legítimos dueños, se crean fundamentalmente dos movimientos revolucionarios conspirativos para destruir la vorágine comunista. Uno, formado en su mayoría por estudiantes, particularmente por miembros de la Agrupación Católica Universitaria, dirigido por el doctor Manuel Artime, miembro aún del Ejército Rebelde. Varios de los miembros de este grupo clandestino trabajan en diferentes dependencias del gobierno de Castro. Entre ellos se destacan la honrosa presencia del ingeniero Rogelio González Corzo como Director Central del Ministerio de Agricultura. La tesis revolucionaria prevaleciente entre el grupo noble de conspiradores era la de tratar de salvar la revolución desde adentro, ocupando posiciones clave en la Administración Central del Estado.

El otro grupo estaba formado por oficiales del ejército rebelde cuya presencia se hacía ostensible a finales del año 1959. Ambos grupos habían hecho contacto entre sí por la confiable mediación de un amigo personal del doctor Manuel Artime. Cuando éste se vio obligado a abandonar su puesto de segundo jefe del I.N.R.A. en Manzanillo, celebró varias entrevistas que culminaron con la reunión de ambos grupos el 6 de noviembre de 1959, acordando constituirse en una organización nacional de lucha frente al régimen — para ellos ya evidentemente comunista — de Fidel Castro, entre otros conspiradores se encontraba, naturalmente Rogelio González Corzo, «Francisco».

El 12 de diciembre de 1959 se celebra otra reunión en la que se decide ponerle a la organización el nombre de «Movimiento de Recuperación Revolucionaria» (M.R.R.), quedando días después terminada la estructuración del Ejecutivo y firmes, aunque clandestinos, su declaración de principios y programa de labores a realizar. «Francisco» inicia las labores inherentes a su cargo de Secretario de Control y Disciplina y de las Secciones Campesinas y Obreras. El doctor Artime sale fuera de Cuba en su carácter de jefe de todas las fuerzas militares del M.R.R y delegado de la organización en el extranjero.

En el mes de enero de 1960 llega a Cuba la orden de ir seleccionando a los patriotas que saldrían al exterior a recibir el entrenamiento militar, ya que el campamento iba a ser abierto en breve si fructificaban las gestiones que en ese sentido se estaban efectuando en Latinoamérica. Al mismo tiempo, el 5 de febrero, su Sección Estudiantil, organiza y efectúa el primer acto público en Cuba, en protesta contra el régimen imperante. Da pie para ello el famoso incidente del Parque Central, de la Habana, cuando la visita de Anastas Mikoyan y su sacrílega ofrenda floral ante la estatua del Apóstol José Martí.

El sector estudiantil cobra cada día más fuerza, extendiéndose por universidades y centros de segunda enseñanza. Se forma un cuerpo de ingenieros que recorren la isla para señalar puntos idóneos de recepción de armas y trasiego de hombres que entran y salen con misiones específicas.

Estas simultáneas actividades de valor y sacrificios, desarrolladas por toda la isla, provocaron la reacción inquisitiva del aparato represivo del G-2 y, como secuela, la detención de muchos de los principales miembros del ejecutivo; otros, con más suerte, lograron el asilo en embajadas y algunos pudieron salir de Cuba indemnes. Las circunstancias plantearon la necesidad de reorganizar la dirección del M.R.R. (bajo cuyas siglas gran número de sectores y organizaciones de acción habían acordado cobijarse) y acuerdan, en mérito a la tesonera y eficaz labor e indiscutible condición, nombrar a Rogelio González Corzo «Francisco», como coordinador nacional de MRR y Coordinador Militar del F.R.D. (Frente Revolucionario Democrático) convertido, más tarde, en el «Consejo Revolucionario de Cuba».

En la tarde del sábado 18 de marzo de 1961 llega la fatal y calcinante noticia, «Francisco» ha sido apresado por el G-2. Sin embargo su verdadera identidad la ignoran aún los sicarios y verdugos de la tiranía roja. Comienza entonces la lucha febril por conseguir su rescate; se mueve cielo y tierra con este propósito. Una valerosa emisaria voluntaria a la doctora Virginia Castellanos sale para Cuba con supuestos medios idóneos para lograr la fuga de «Francisco» horas antes de la invasión de Girón. Las horas cuentan, llenas de agonías indescriptibles, y se produce el desembarco de Bahía de Cochinos. Es el 17 de abril de 1961.

La noticia corre como un hilo de pólvora por todos los rincones de la Isla y, como dulces ondas sonoras, llega al oscuro rincón de su cautiverio y cuando usaba, quizás, la inefable paz del placer de la victoria en ciernes y quería palpar el premio a su rosario de sacrificios... los sicarios infames de la dictadura descubren su identidad.

«Francisco» estando en los últimos momentos de su cristiana vida, logra escribir, impulsado por la gracia de Dios, una carta a sus padres que aparece en la página siguiente.

Y en la madrugada del 20 de abril de 1961, sólo tres días después del inicio del fragor de la batalla de Girón, es cobardemente fusilado en la Fortaleza de la Cabaña, aquel heroico baluarte de los católicos y de la clandestinidad cubana que fue «Francisco».

Para evocar el recuerdo de «Francisco» se debe traer a colación lo que dijo Manuel Guillot Castellanos, luego fusilado por la soldadesca castrista el 30 de agosto de 1962.

> *«Sí, patria, sabemos que lloras a 'Francisco', porque supo defenderte desde el principio de tus sufrimientos. Sabemos que lo lloras porque era joven y supo entregarte su juventud, solo a cambio de verte feliz. Sabemos que lo lloras porque en su diaria comunión solamente pedía hacer más por Dios y por ti. Sabemos que lo lloras porque su única preocupación frente al paredón de fusilamiento era que ya no podía darte más que la vida. Sabemos que lo recuerdas porque él supo recordarte con un grito en el momento de su muerte. Tú, Rogelio González Corzo, sigue en pie de lucha desde arriba, con el aliento constante de tu pueblo, bajo la mirada cariñosa e imprescindible de Dios».*
>
> Manuel Guillot Castellanos

¡La sangre de los buenos no se derrama en vano!

Y para terminar, creemos, sin lugar a dudas, que el nombre ejemplar, el lustre de Rogelio González Corzo «Francisco» está incrustado de manera indeleble en la historia contemporánea del martirologio cubano el servicio a Dios y a la Patria, y sublime paragón con aquellos patricios de la gesta libertadora de 1868 y 1895. Tuviste el superior privilegio de no ver ni el desastre de tu esforzado empeño ni el via crucis de tu pueblo tan querido. Ese fue tu premio; la generosa merced que te fue concedida por Nuestro Señor; esa fue la bendición que Él te prodigara por los inmarcesibles merecimientos a tu sacrificio.

Su pensamiento político

> *Hay un límite al llanto sobre las sepulturas de los muertos, y es el amor infinito a la patria y a la gloria que se mira sobre sus cuerpos y que no teme ni se debilita jamás; porque los cuerpos de los mártires son el altar más hermoso de la honra.* José Martí

[«Francisco»] ...*Tú, obrero, que has perdido tu centro de trabajo, que trabajas bajo las peores condiciones económicas que recuerdas. Tú, obrero, enloquecido por la técnica comunista de mantener a los pueblos en ajetreo permanente de consignas, concentraciones y actividades militares, marchas que no te permiten pensar en la tragedia espiritual, social y económica que padeces. Tú, obrero, con un salario disminuido, aumentadas las horas de trabajo, eliminadas las conquistas sociales y presionado para la contribución supuestamente voluntaria, empujado a las milicias, adoctrinados en el odio, en la violencia, en la inquietud,...Tu, obrero, tú puedes hacer fracasar ese plan.*

Tú, campesino, que sigues sin tierra, con hambre, sin educación, con tus hijos descalzos, sin defensas...Tú, campesino, que recibes vales por tus jornales, sujeto a la disciplina militar, robándole a las horas de sueño las que te exigen para recorrer inútilmente guardarrayas, guardándote de un enemigo que no es otro que un cubano como tú, pero libre y soberano, que sólo cree en Dios y que solo lucha por los demás cubanos. Tú, campesino,...puedes hacer fracasar ese plan.

Tú, mujer, que sufres más que nadie los salarios bajos y los jornales miserables, la falta de trabajo, el cierre y la intervención de los mismos, la escasez de alimentos, la falta de ropas para los tuyos. Tú, mujer, que ves cómo tus hijos te son arrebatados con el pretex-

to de que era la mala educación que le dabas, basada en Cristo y en tu amor filial. Y los ves perderse en las manos sin Dios y sin amor de unos adoctrinadores que le harán un monstruo, que renegará de ti, también. Tú, mujer...tú puedes hacer fracasar ese plan.

Tú, comerciante, que has vivido las etapas de las luchas, que viste a los comunistas pactar con los enemigos del estudiantado, que sigue sin libros y sin maestros, sin locales y sin medios auxiliares.

Tú, estudiante, sin empleo cuando terminas tus estudios. Tú, estudiante, que sabes de la valentía, del arrojo y de la audacia, que ves cómo los organismos estudiantiles son dominados por elementos ajenos al Alma Mater...Tú estudiante, tú puedes hacer fracasar ese plan.

Tú, industrial, comerciante, inversionista. Tú, productor, que valientemente permaneces bajo el terror y las leyes confiscatorias en una minoría digna de elogios. Tú, tú, también puedes hacer fracase ese plan negándote simplemente a luchar por una causa que solo quiere ensangrentar la patria y convertirla en una nueva Hungría y tomando esa sangre como bandera para seguir su labor devastadora por toda América.

Obrero, campesino, mujer cubana, estudiante, clase productora. En pie, firmes y adelante. La hora de libertad ha llegado.

20 de abril de 1961

Queridos padres y hermanos:

Sé lo que representa para ustedes el momento en que reciban la noticia de mi muerte encontrándose ustedes lejos de donde yo estoy. Quiero decirles que esto fue siempre lo que yo le pedí a Dios. Creo que hubiera sido para ustedes un sufrimiento mayor moral y quizás físico si hubieran estado aquí y hubieran tenido que pasar por todo este tiempo que entre mi prisión y mi muerte duró 32 días.

No tienen en ningún momento que abochornarse de mi prisión y fusilamiento, al contrario, espero que estén orgullosos de su hijo y que sepan adoptar una postura correcta en el momento en que Dios y la Patria pedían el sacrificio de su hijo. Quiero que sepan que era la única postura que podía tener en situaciones como la que está atravesando la patria en estos momentos.

Esto lo estoy escribiendo a las 2 a.m. del día 20 de abril. Estoy en una celda que le dicen capilla, ya que mi muerte es cuestión de minutos. Quiero que de esta manera sepan ustedes que mi último pensamiento en la tierra fue para ustedes y mis queridos hermanos.

Padres, hermanos, sólo tengo una terrible preocupación, pero confío que siendo mi última voluntad esta preocupación deje de serlo y se convierta en una gran alegría, ella es la vida espiritual, la vida religiosa de ustedes. Saben que siempre mi preocupación fue la Religión Católica y tratar de hacer la voluntad de Dios; en estos momentos estoy seguro que la estoy cumpliendo y quiero que esta muerte mía, de la cual deben de estar orgullosos, sirva para que ustedes papá y mamá, me hagan la promesa de ir a misa todos los domingos y de confesar y comulgar los dos y después hacerlo regularmente.

Que mis hermanos Manolito e Isidro hagan ejercicios espirituales, anualmente, que se confiesen y comulguen mensualmente y vayan a misa todos los domingos. Traten de ser buenos esposos con esas dos joyas que tienen, Laurita y Fifí, a las cuales también les pido mejoren su vida espiritual. Para mi sobrín Carlos Manuel que le digan lo mucho que su tío lo quería, que murió para que tuviera una Cuba digna y católica y por favor que vaya a un colegio católico. Recuerden que es más importante salvarse que saber inglés. A mi ahijado y mis dos sobrinas muchos besos. Que vayan a colegio católico y que sean buenos hijos todos.

En estos momentos en que la muerte toca a la puerta sabrán, padres y hermanos, que estoy con gran tranquilidad, lo mismo que todos mis compañeros, ya que ello me abre las puertas del cielo y de la dicha eterna. Además, me lleva al lado de abuelito y de mis abuelos donde, si Dios quiere, los espero a todos.

Recuerden, no lamenten, esto es lo mejor. Recuerden que los espero en el cielo, que tengan fortaleza como yo la tengo en estos momentos y que me voy con una sola preocupación de su vida espiritual. Por favor, no la abandonen, que en ningún momento mi problema vaya a afectar al catolicismo de ustedes, al contrario, lo fortalezca.

Sin más, esperándolos en el cielo, queda su hijo, que nunca los olvida y los espera con los abuelos,

Rogelio

Chili, NY, 3 de octubre del 2006

Sr. Agustín Villegas
591 NW 43th Court
Miami, FL 33126

Estimado compatriota:

Acuso recibo de su carta del 15 de septiembre, con sus adjuntos, y paso a contestarla, y a responder a su solicitud de información acerca del juicio de Rogelio González Corzo, mi hermano en la Agrupación, a quien siempre estimé, y aún llevo en mi memoria y en mi corazón.

En febrero de 1961, el P.Llorente, que sabía que yo estaba defendiendo causas en el "Tribunal" de La Cabaña, en su cuarto y con mucho misterio, me pidió que me interesara por la causa de Rogelio, detenido bajo el alias de Harold Boves Castillo. En La Cabaña no pude obtener información sobre el caso, salvo el número de la causa, No. 152 de 1º961 radicada por Delitos contra los poderes del Estado y Tenencia de Explosivos y Materias Inflamables. Ciertamente, y en esos momentos, delitos castigables con la muerte. Nada de eso me hizo cambiar de planes, y comencé a pensar en una posible defensa.

Los hechos, tal y como se relataron en el juicio, fueron que a fines de enero, creo que el 24, hubo una reunión en el Reparto Flores, a la que asistieron todos los 27 procesados, entre los cuales estaban Humberto Sorí Marín que fue Ministro de Agricultura de Castro en 1959, y su Auditor General en la Sierra, y Rogelio. De repente, se aparecieron los agentes del G-2, arrestaron a todos los presentes, entre los cuales se encontraban las esposas de muchos asistentes, y capturaron todos los papeles, entre los cuales había información pertinente a la Invasión de Bahía de Cochinos, lista de posibles colaboradores, teléfonos, etc.

Entre los asistentes a la reunión —Dios lo haya perdonado— estaba José Raúl Mayas, el infiltrado que informó al G-2 acerca de la reunión, y que declaró como testigo de cargos.

Las cosas en Cuba se ponían peores cada día. El fuego de El Encanto provocó un aumento en la represión. Y por fin, el 15 de abril de 1961, nos despertó el ruido del bombardeo de los aeropuertos. Ese día yo tuve que ir a la Cabaña para ver cómo andaban mis casos, y vi con mis propios ojos, doce rastras cargadas de artillería y parque salir con rumbo al este. PARA ESPERAR A LA BRIGADA, PUES SABÍAN POR DONDE VENÍAN DEBIDO A LA INFORMACION CAPTURADA EN ENERO.

Empezó la redada. 200,000 personas en La Habana y otras tantas en el interior, que podían haber apoyado la invasión fueron arrestadas y llevadas a prisiones improvisadas. Sabiendo yo que estaba señalado por ser Profesor de Villanueva, Agrupado, etc. estaba pensando encontrar dónde esconderme, antes de que me arrestaran. Pero tenía que ir a mi oficina para cosas urgentes. En el momento cuando iba a salir para meterme en un hoyo y taparlo, como se dice vulgarmente, una llamada por teléfono me interrumpía "La Causa No. 152 va hoy". Salí casi volando para la Cabaña. Y llegué cuando llamaban al juicio. Me personé como defensor de Rogelio, no de Harold, lo que quizás me salvó la vida.

El juicio fue una farsa, pues los siete primeros estaban condenados a priori, y la apelación fue otra farsa. La copia de la sentencia que me entregaron estaba mimeografiada y SECA igual que la sentencia de la apelación. Todo había sido una burla grotesca, para cubrir la forma. Por suerte, a muchas de las esposas las absolvieron. Pero bajo la presión de la Invasión muchos no pudieron conseguir abogados. Enrique Arango, abogado corporativo, defendió a su yerno, y estaba desesperado, pensando que por no ser criminalista se lo iban a fusilar. Yo tuve que convencerlo de que el mejor abogado del mundo no hubiera cambiado la decisión ya adoptada.

Rogelio demostró entereza en todo momento. Pero al terminar el juicio, me preguntó cómo veí la cosa. Yo, sinceramente, le dije: No muy bien. Y dándome cuenta de que le habían quitado todos los objetos religiosos, le dí mi botón bendito de la A.C.U. y le dije: "Llévalo por si pasa lo peor."

A las tres de la mañana los fusilaron. El pelotón quería que nos fusilaran también a nosotros los abogados!!

Durante sus últimos momentos, Rogelio escribió la carta a sus padres, que estará siempre asociada conmigo, pues dice en la cubierta "Para entregar a mi abogado Enrique Hernández Miyares" y que está en los archivos de la Agrupación en Miami.

Totalmente aplanado espiritualmente, por no haber podido tener éxito en la causa que más me interesaba, regresé a casa, llevando conmigo a mi profesor Calixto Mas, que había defendido a Eufemio Fernández, que fue también fusilado.

No tuvieron asistencia de ningún sacerdote. Todos estaban presos o escondidos. Rogelio hizo lo que pudo espiritualmente con el grupo. Cuando llegué a mi casa, mi esposa me recibió con la noticia de que el G-2 había venido a buscarme, y había registrado todo, sin encontrar nada sospechoso. Me acosté, y media hora después un miliciano de Villanueva vino a buscarme para llevarme a la Universidad retenido. Eso me salvó la vida, porque el G-2 volvió y mi esposa les dijo que yo estaba arrestado, y se fueron.

Tres días después me soltaron, pero continuaron vigilándome. Recogí la carta de Rogelio y empecé a preparar nuestra salida de Cuba.

Espero que esta narración le sea de utilidad.

Sinceramente,

Enrique Hernández-Miyares

S E N T E N C I A

TRIBUNAL   La Habana, 19 de Abril de 1961

1er. Tte. Pelayo Fernández-Rubio C.   )   VISTO en juicio oral y público, an-
          Presidente   )   te el Consejo de Guerra Ordinario, nom-
1er. Tte. Ramón Martínez Fernández   )   brado para ver y fallar la causa número
2do. Tte. Néstor Alfonso Hernández   )   152 de 1961, de la radicación del Tribu-
Miliciano Manuel Miranda Vertiz   )   nal Revolucionario del Distrito de la
Miliciano Sergio Tolón Valdés   )   Habana, seguida por los delitos de "Con-
          Vocales   tra los Poderes del Estado", "Contra la
                                            Estabilidad e Integridad de la Nación",
"Estragos" e "Infracción del Artículo 12 de la Ley número 425 de 1959, entre
partes: de una, el Ministerio Fiscal y de otra, los procesados Humberto Sorís
Marín, Gaspar Domingo Trueba Varona, Manuel Lorenzo Puig Millar, Harold Bove
Castillo o Rogelio González Corzo, Gabriel Enrique Riaño Zequeiro, Rafael Díaz
Hasncom, Eduardo Lemus Pérez, Eufemio J. Fernández Ortega, Narciso Peralta So-
to, Felipe Dopaso Abreu, Pedro de Cespedes Compañy, Ernesto Rivero de la Torre
Eulalia de Cespedes Compañy, Orestes Frias Roque, Nemesio Rodríguez Navarreta,
Cuba León Foguereda, Dionisio Acosta Hernández, Juan Castillo Crespo, Margari-
ta de León Blancos, Georgina González Blancos, Marta Godinez Valor, Iluminada
Fernández Ortega, María Caridad Gutiérrez García, Yolando Alvarez Balsaga, Ber
ta Echegaray Carreira, y Ofelia Arango Cortina, en prisión provisional por ésta causa y defendidos por los Dres: Manuel Mariñas Carmona, Félix Cebreco Ná-
poles, Aurelio Martinez, Jorge Luis Carro González, Dora Riva Zamora, Calixto
Masó Vazquez, Enrique Arango, Enrique Hernández Millares, Gustavo Moreno, Fran
cisco Avila Figuereda, Aurelio Martinez Aurizala y el Alférez de Fragata (MGR)
Humberto Fernández Martinez, quién actuó de oficio.- - - - - - - - - - - - - -

R E S U L T A N D O   P R O B A D O :—que los procesados Humberto Sorí Marín,
desertor del Ejército Rebelde, en el que ostentaba el grado de Comandante y
Manuel L. Puig Millar, en unión de otras personas hasta ahora no identificadas
puestos de acuerdo y cumpliendo instrucciones de la Central de Inteligencia
Americana y de otros elementos que desde los Estados Unidos de Norte América,
laboran para lograr el derrocamiento por la violencia de los Poderes del Estado, el día trece de Marzo del año actual o próximamente a esa fecha, arriba-
al territorio Nacional de manera clandestina, en una de las playas de la costa
norte de Cuba próxima a la Habana, abordo de una embarcación, en la que trajeron desde aquel país, once sacos de yute conteniendo nitro-almidón de alto poder explosivo, trece mochilas conteniendo igual sustancia, diez pistolas calibre cuarenta y cinco, veinte y ocho magazines para las mismas, seis carabinas
M-1, treinta y seis magazines para estas, ocho carabinas M-3, veinte y cuatro
magazines para las mismas, cuatro porta-magazines para M-3, cuatro cananas para M-2; dos cajas conteniendo mil ochocientos ochenta cápsulas calibre 30, para M-1, cuatro cajas conteniendo mil y mil cuatrocientas más cápsulas cali-
45, para pistola, diez y seis latas conteniendo fósforo de seguridad, diez y
seis rollos de mecha de tiempo, trece rollos de mecha detonante, quince cajas
de espoletas M-2, doce cajas de espoleta M-1, doce rollos de tape, diez cajas
conteniendo ciento sesenta granadas incendiarias, tres cajas de petacas incendiarias, conteniendo ciento veinte de éstas en total, una caja con veinte y
cinco granadas de fragmentación, una caja de fulminante número diez, de retar
un saco con propaganda contrarevolucionaria; diez y seis paquetes de nitro-almidón y un paquete de propaganda subversiva, con el propósito e instrucciones
de ser aplicadas y utilizadas para la campaña de sabotajes y terrorismo acordada como medio de propiciar el clima adecuado al alzamiento armado que había
resuelto llevar adelante, así como para los elementos que se alzaran; que tam
bien dichos procesados traían en encargo el de conciliar la acción de los distintos grupos que dentro del territorio Nacional laboran a los mismos fines,
para lo cual establecieron contactos con los atambien procesados Nemesio Rodríguez Navarrete y Gaspar Domingo Trueba Varona y Rafael Díaz Hasncom, que
arribaron a Cuba en distintas fechas, que hasta ahora se desconocen, procedentes de Miami, Estados Unidos de América, tambien en forma clandestina; que des
pues de celebrar distintas entrevistas y reuniones y trazarse los planes ade-
cuados a tales propósitos, se acordó una ulterior reunión que se verificó con
fecha diez y ocho de Marzo retroproximo en el domicilio de la procesada Berta
Echegaray Carreira y su hermano el procesado rebelde, Oscar, de los mismos
apellidos, situado en la calle 186, número 110, Reparto Siboney, en Marianao.-

Causa número 152 de 1961.-   (hoja dos)

R E S U L T A N D O P R O B A D O:-que una vez verificada la coordinación de los elementos representativos de las distintas organizaciones contrarevolucionarias, se hizo la designación del procesado Rogelio González Corzo, conocido por Harold Bove Castillo, individuo éste de conocida y extrema peligrosidad contrarrevolucionaria, como coordinador general del titulado "Frente Democrático Revolucionario" en el país, que fué el nombre acordado para la nueva organización que quedaba integrada con la concurrencia de los distintos grupos, cuyo individuo fué escogido para esa función por indicación de la Central de Inteligencia Americana, a la que está vinculado desde hace tiempo en los esfuerzos de ésta para destruir la Revolución Cubana, habiendo tomado parte activamente en distintos lugares del país en la promoción de alzamientos armados, actos de terrorismo, sabotajes y atentados personales; que a ésta conjunción de grupos y elementos contrarrevolucionarios concurrió en representación del núcleo que desde el extranjero dirije Aureliano Sánchez Arango, el procesado Eufemio J. Fernández Ortega, que unió sus esfuerzos y actividades subversivas al antes citado "Frente Democrático Revolucionario", todosllosncheles, ya en posesión de el material bélico, explosivos e inflamable traidos a Cuba por el Sorí Marín y el Puig Millar, resolvieron poner en práctica los planes de sabotaje que prepararían el climax apropiado a fin de viabilizar con su apoyo la invasión por elementos mercenarios acordada desde el extranjero a nuestro territorio Nacional y que se produciría inminentemente, como así ha ocurrido. - - - - - - - - - - - - - - - -

R E S U L T A N D O P R O B A D O:-que a la reunión antes referida y en la que como ya se ha dicho, se trazaron y acordaron los planes de acción y organización de los actos que se llevarían a efecto en apoyo de la agresión armada al suelo Patrio, ya gestada desde el extranjero, concurrieron, prestando su asentimiento, brindando su concurso y actuando personalmente, los procesados Narciso Peralta Soto, Orestes Frías Roque, Pedro de Cespedes Compañy, el que hizo acompañar por su hermana Eulalia de Cespedes Compañy, Juan Castillo Crespo Marta Godinez Valor, vecina de uno de los lugares en que se celebraban las reuniones del mentado grupo, María Caridad Gutiérrez García, Yolanda Alvarez Barzaga y Berta Echegaray Carreira, así como Eduardo Lemus Pérez y Felipe Dpaso Abreu, todos los cuales tenían plena conciencia de los planes y proyectos de la referida organización y tomaron parte activa en la ejecución de éstos.- - -

R E S U L T A N D O P R O B A D O:-que el procesado Ernesto Rivero de la Torre, que es Jefe de uno de los grupos concurrentes a la integración del al que nos hemos venido refiriendo, además facilitó distintos vehículos para la movilización de los materiales y de los elementos complotados; que idénticas funciones dentro de ésta trama contrarrevolucionaria, desempeñaba el procesado Dionisio Acosta Hernández, que fué quién transportara al procesado Sorí Marín y sus acompañantes, una vez que éste, en la forma clandestina que se deja consignada llegara a territorio Cubano desde el extranjero; que la procesada Iluminada Fernández Ortega prestaba su cooperación de manera consciente a tales actividades ilícitas prestándose para el trasiego y ocultación de documentos y otros materiales. -

R E S U L T A N D O P R O B A D O:-que al ser arrestados los complotados antes referidos, se ocupó en poder de los mismos, cartas náuticas referidas a zonas marítimos-terrestres de Cuba, redactadas en idioma inglés, demostrativa de su vinculación con la agresión a nuestro territorio, gestada e impulsada desde playas extranjeras, así como otros documentos similares, contentivos de instrucciones, planes bélicos, atentados, sabotaje y terrorismo y que fueron traidos al país por el procesado Sorí Marín, en poder del cual se ocupara la suma de mil setenta y nueve pesos en moneda americana; habiéndose ocupado igualmente en el domicilio de Narciso Peralta Soto, una planta trasmisora, una pistola calibre 9 mm., un peine de repuesto, un revolver calibre 38 con sus cápsulas, cuatro peines para pistola calibre 45, cápsulas del propio calibre, arias peineras y claves de desembarco de armas en éste territorio, así como lista con los nombres de Miembros del Ejército Rebelde y propaganda contrarrevolucionaria.-

R E S U L T A N D O P R O B A D O:-que el Ministerio Fiscal, en sus conclusiones provisionales que en la oportunidad procesal correspondiente hubo de elevar a definitivas, interesó la sanción de pena de muerte por fusilamiento para los procesados Humberto Sorí Marín, Gaspar Domingo Trueba Varona, Manuel Loren-

Causa número 152 de 1961.- (hoja tres)

zo Puig Millar, Harold Bove Castillo ó Rogelio González Corzo, Rafael Díaz Hansoom, Nemesio Rodríguez Navarrete y Eufemio J. Fernández Ortega y treinta años de reclusión para los demás procesados, referidos, así como para los también procesados Cuba León Figueredo; Margarita León Blancos, Georgina González Blancos y Ofelia Arnago Cortina, a los que les imputó la autoría de los delitos "Contra los Poderes del Estado" y "Tenencia de Materias Explosivas e Inflamables", previstos y sancionados en los artículos 128, 148 y 469, letra A), del Código de Defensa Social, con las modificaciones a los mismos introducidas por las Leyes números 425 de 1959 y 923 de 1961, así como en el artículo 12 de la mentada Ley 425 de 1959; que los Abogados defensores solicitaron la libre absolución de sus respectivos representados.- - - - - - - - - -

CONSIDERANDO:- que estos hechos tal y cual resultan probados, son constitutivos de los delitos "Contra la Integridad y Estabilidad de la Nación", "Contra los Poderes del Estado" y "Estragos", previstos y sancionados en los artículos 128, 148 y 469, letra A), todos del Código de Defensa Social, con las modificaciones al mismo introducidas por las Leyes números 425 y 923, de siete de Julio de 1959 y 4 de Enero de 1961, respectivamente, así como infracción del artículo 12 de la mentada Ley 425 de 1959, de los que resultan responsables en conceptos de autores inmediatos los procesados Humberto Sorí Marín. Gaspar Domingo Trueba Varona, Manuel Lorenzo Puig Millar, Rogelio González Corzo ó Harold Bove Castillo, Rafael Díaz Hansnoom, Eufemio J. Fernández Ortega, Nemesio Rodríguez Navarrete, Gabriel Enrique Riano Zequeiro, Eduardo Lemus Pérez, Narciso Peralta Soto, Felipe Dopaso Abreu, Pedro de Cespedes Company, Orestes Frias Roque, Dionisio Acosta Hernández, Juan Castillo Crespo, Ernesto Rivero de la Torre, Marta Godinez Valor, Iluminada Fernández Ortega, María Caridad Gutiérrez García, Yolanda Alvarez Barzaga, Berta Echegaray Correira y Eulalia Cespedes Company.

CONSIDERANDO:- que de la prueba practicada en el acto de éste juicio oral, no se ha demostrado de manera plena que los procesados Cuba León Figueredo, Margarita de León Blancos, Gergina González Blancos y Ofelia Arango Cortina, hayan incurrido en modo alguno en los hechos que les imputa el Ministerio fiscal.- - - - - - - - - -

CONSIDERANDO:- que en la sustanciación de éste juicio oral se han observado todas y cada una de las prescripciones procesales vigentes con el mas alto espíritu de equidad y justicia.- - - - - - - - - -

FALLAMOS:- que debemos sancionar y sancionamos a los procesados Humberto Sorí Marín, Gaspar Domingo Trueba Varona, Manuel Lorenzo Puig Millar, Rogelio González Corzo ó Harold Bove Castillo, Rafael Díaz Hansnoom, Eufemio Fernández Ortega y Nemesio Rodríguez Navarrete a la PENA DE MUERTE POR FUSILAMIENTO; a Gabriel Enrique Riaño Zequeiro, Eduardo Lemus Pérez, Narciso Peralta Soto, Felipe Dopaso Abreu, Pedro de Cespedes Company, Ernesto Rivero la Torre, Orestes Frias Roque, Dionisio Acosta Hernández, y Juan Castillo Crespo a VEINTE AÑOS DE RECLUSION cada uno; a Marta Godinez Valor, Iluminada Fernández Ortega, María Caridad Gutiérrez García, Yolanda Alvarez Barzaga, y Berta Echegaray Carreira a QUINCE AÑOS DE RECLUSION cada una y Eulalia Cespedes Company TRES AÑOS DE PRISION, que extinguirán en un Establecimiento Penal del Estado, sirviéndoles de abono toda la prisión preventiva que hubieren sufrido por ésta causa y como accesoria les imponemos la de interdicción absoluta por todo el tiempo de la sanción principal y vigilancia de la autoridad por un periodo igual a la misma.- - - - - - - - - -

En cumplimiento de lo dispuesto en la Ley 664 de 1959, decretamos la confiscación total de todos los bienes de los procesados.- - - - - - -

Que asimismo debemos absolver y absolvemos a las procesadas Cuba León Figueredo, Margarita de León Blancos, Georgina González Blancos y Ofelia Arango Cortina y decretamos su inmediata libertad por razón de ésta causa.- -

VISTO lo que preceptúan los artículos 103 y siguientes de la Ley Procesal de Cuba en Armas y la pena impuesta a los procesados Humberto Sorí Marín, Gaspar Domingo Trueba Varona, Manuel Lorenzo Puig Millar, Rogelio González Corzo ó Harold Bove Castillo, Rafael Díaz Hansnoom, Eufemio J. Fernández Ortega y Nemesio Rodríguez Navarrete, se tiene por interpuesto y se admite, de ofi-

¿Quién era Rogelio González Corzo «Francisco»?

Era un hombre joven de estatura más que mediana, con sus cinco pies 10 pulgadas o 175 centímetros de alto, y tenía una figura atlética. Desde joven jugaba balompié y a finales de los años 1940 había practicado con rigor el deporte del remo con el equipo del Casino Español de La Habana, lo que le había proporcionado hombros anchos, brazos de fuerte musculatura, capacidad respiratoria y resistencia física.

Hijo de padres españoles, nació en Cuba, tenía piel blanca y llevaba el pelo castaño, sus ojos parecían soñadores al tiempo que mantenían una expresión seria, de rostro largo y ovalado, la nariz bien proporcionada, los labios finos y el sólido mentón redondeado. Tenía la estampa de un hombre sano y fuerte.

Miembro de una familia de clase acomodada, tradicional y católica, de costumbres sencillas y principios sólidos, su vida transcurrió en una casa de Marianao, en La Habana, con sus padres y dos hermanos mayores que él, ya que Isidro y Manuel tenían 5 y 6 años cuando Rogelio apareció en el mundo; y también en la otra casa situada en Asturias, en el pueblo de Cangas de Onís, donde pasaban varios meses de vacaciones cada año y gustaban de permanecer mucho tiempo en la finca paterna.

«Francisco» era un hombre joven introvertido, simpático, y tenía una sonrisa para todo el que le hablara.

Rogelio González Corzo se gradúa de Bachiller el 14 de junio de 1951 en la escuela católica Belén. Ingresa en la Universidad de La Habana en septiembre de 1951.

Se graduó de ingeniero agrónomo en la Universidad de La Habana el 22 de noviembre de 1956. A las dos semanas se cerró el recinto por los problemas revolucionarios de la época.

Le gustaba practicar deportes, levantar pesas, nadar. Era socio del Casino Español. Remar los domingos. Iba frecuentemente al cine. Por su trabajo, viajó a Camagüey y Las Villas. Trabajaba en *La Productora* en el Departamento Técnico de Fertilizante Superfosfatos, localizado en el Edificio Payret. Conocía los ingenios

«Nela», «Reforma», «Adela», y «San Agustín». Su labor, en la dirección de Pinar del Río.

Su ideal patriótico

Participa en la lucha contra el gobierno de Batista a raíz de su entrada en la Universidad de La Habana, en la Facultad de Agronomía. Se une a manifestaciones públicas en oposición al régimen de Batista. En una de esas manifestaciones ante el monumento a los estudiantes de medicina, cayó abatido mortalmente el joven estudiante Rubén Batista. En otra ocasión marchó hacia la Explanada de la Punta, en unión de dirigentes estudiantiles como José Antonio Echevarría y Fructuoso Rodríguez.

Álvarez Cabarga y Rogelio González Corzo visitaron en distintas oportunidades una habitación cerca de la Universidad de La Habana donde se conversaba y se exponían inquietudes patrióticas.

«Francisco», con la Agrupación Católica Universitaria, organiza los Comandos Rurales, con el propósito de llevar la semilla del cristianismo al interior de la isla, la parte oriental, ejerciendo el control desde Manzanillo hasta Holguín, cubriendo el Central «Estrada Palma» (en Manzanillo) y el central «San Germán», con el permiso del Ministro de Agricultura, Humberto Sorí Marín. Pero visto que la zona rural estaba siendo dominada por la organización católica seglar, el gobierno de Castro envió a Raúl Castro y al Frente Frank País para contrarrestar el auge del sector religioso con adoctrinamiento marxista. De ese modo, maniobrando políticamente, como estrategia y táctica a seguir, con el fin de eliminar la influencia cristiana del grupo de Artime y «Francisco» de la ACU, expulsándolos del lugar, haciéndoles la vida difícil.

Entre los que se encontraban en la zona rural estaban, General Fatjó Millares, Sergio Carrillo, David Cabarrocas, Frank Bernardino, «Francisco», «Carlay», Guillot y otros.

Rogelio González Corzo fue uno de los principales protagonistas de la lucha contra el castrismo en la organización más numerosa, preparada, disciplinada y mejor estructurada que se enfrentó a la dictadura comunista desde 1959, el Movimiento de Recuperación Revolucionaria (M.R.R.). Rogelio era el coordinador nacional y pronto se convirtió en el máximo dirigente, jefe militar del Frente Revolucionario Democrático. Todos los caminos conducían al M.R.R. que era la unión de todas las organizaciones clandestinas.

Emilio Martínez Venegas se encuentra con Rogelio González Corzo en La Habana y el dirigente Nacional del M.R.R. le da la misión de ir a Camagüey en unión de Manolo Villamañán, que era de los que transportaban a la gente del M.R.R., por mandato y decisión de «Francisco».

«Francisco» se entrevista con la doctora Leonor Ferreira en unión del Coronel Álvarez Mangolles para intercambiar impresiones sobre los planes militares de la dictadura castrista. En otras ocasiones lo hacía con José Fernández Badué «Lucas».

Mujeres que servían a «Francisco» en el transporte: Martha González, María Nena Gutiérrez, Teresita Rodríguez.

Prisión y muerte. Su vida cristiana

Fue detenido «Francisco» y demás compañeros en la casa del ingeniero Oscar Echegaray y Marta Godínez, en la calle 186 entre 3ra y 5ta en el Reparto Siboney, donde el 18 de marzo de 1961 se efectuaba una reunión con distintos dirigentes del movimiento clandestino.

Para dicho encuentro, llegan a finales de febrero, en el buque «Tejana III», propiedad de Alberto Fernández Echevarría, Humberto Sorí Marín y Manuel Lorenzo Puig. El Comité de Defensa de la Revolución de la localidad, vio a un hombre cerca de la casa, que no era del barrio, que resultó ser Nemesio Rodríguez Navarrete, del Movimiento Democrático Martiano (MDM) y por este motivo, los del Comité llamaron a la Seguridad del Estado para que realizaran un registro en la casa.

Serían las 2 P.M. cuando los agentes del G-2 llegaron en tres autos a la casa del vecino. La dueña se aterroriza y va a la casa de Echegaray. Brenda Echegaray le abre la puerta, el G-2 la sigue, ven a un grupo de personas sentadas en la sala. Los agentes de Seguridad los miran y cuando iban a salir, uno de los oficiales reconoció a Sorí Marín, porque había estado con él en la Sierra Maestra. Sorí se da cuenta de que ha sido reconocido, y el oficial le dispara y lo hiere, siendo conducido al Hospital Militar de Columbia. Y a los demás, presos al Cuartel General de la Seguridad del Estado.

El padre Llorente le pidió al abogado Enrique Hernández Miyares que se ocupara de la defensa de «Francisco» que era el expediente de la causa no. 152 de 1961. El juicio comenzó a las 11 de la mañana del 19 de abril de 1961. Al terminarse la prueba y los argumentos orales de la acusación y los defensores hubo un corto receso. Los 7 patriotas habían sido condenados a muerte de antemano. El juicio fue una farsa.

Celebrado el juicio, los siete fueron condenados a muerte[10] por fusilamiento el día 20 de abril del mismo año. Entre la prisión y la muerte solamente hubo 33 días.

Los preparativos para la sepultura de «Francisco» y sus compañeros de causa: Carmina Trueba, prima de Domingo Gaspar Trueba Varona, se dirigió a la funeraria Caballero con la intención de comprar un ataúd. Pero las autoridades entregaban los cadáveres en unas cajas rústicas cerradas, procediendo a la inhumación. Poco después de las 6 a.m. en un camión mediano habían traído los primeros dos cadáveres de los fusilados esa noche: el Comandante Humberto Sorí Marín y Eufemio Fernández Urtega. No encontraron a nadie para sepultarlos en un uno de los tantos panteones de la necrópolis y los enterraron directamente en el suelo de la sección pública del cementerio.

El camión pequeño blanco traía los cadáveres desde la Cabaña de dos en dos. En el segundo viaje trajeron a Domingo Trueba y a

---

[10] La nueva ley Fundamental adulteró el espíritu de la Constitución de 1940, estableciendo la Pena de Muerte. Martí califica la pena de muerte como inmoral, ineficaz, injusta y vengativa. Por eso, el Obispo Boza Masvidal dijo en abril de 1959 que ya era hora de que cesen los fusilamientos. También hubo oraciones al respecto de Monseñor Enrique Pérez Serantes.

Rogelio González Corso. Carmina Trueba, familiar de Mingo, pidió a uno de los guardias el cadáver de su primo Mingo y el de «Francisco», aduciendo que era alguien que ella conocía toda la vida y quien no tenía ningún familiar en Cuba. Los cadáveres venían en unas cajas de madera sin forrar, de aspecto muy endeble y pintadas de verde, cerradas y con un papel encima en el que alguien había escrito a mano sus nombres en letras grandes. Rogelio pudo tener una tumba prestada, y su alma el sitio más privilegiado y cercano a Dios.

Los restos de Rogelio González Corzo y de Gaspar Domingo Trueba Varona fueron sepultados en la Capilla de los Hermanos Trueba-Regil en el cementerio Colón en La Habana.

En la foto del Presidio Político, detrás, de izquierda a derecha, Rogelio está en el tercer lugar. En el juicio, «Francisco» le salva la vida a Gabriel «Lito» Rianio al decir que él era un vendedor de carros. Rianio era un posible candidato al paredón de fusilamiento.

Su vida espiritual

Antes de ir al paredón de fusilamiento, Rogelio tuvo una labor que realizar, la dirección espiritual de sus compañeros, fue la de prepararlos en el final de la vida, en estado de gracia en el Señor.

Rogelio no temía a la muerte, porque creía que la muerte es vía, no término. Así pensaba y murió en su condición de cristiano. Y, como dijera, asimismo el Apóstol de Dos Ríos, «que el hombre murió en la cruz un día, y debemos de aprender a morir en la cruz todos los días». En ese camino, se trazó «Francisco», cuando diariamente se enfrentaba al peligro en la lucha clandestina por serle útil a la Patria y en servicio constante a la Religión Católica que tan dignamente profesaba.

El capellán de La Cabaña, que había tenido la oportunidad de acercarse a los que se encontraban en capilla, pero que su intervención espiritual no había hecho falta, porque uno del grupo, que por su descripción correspondía a «Francisco» se había encargado de prepararlos a todos a bien morir.

En sus últimos momentos, «Francisco» se dedicó a leer *La Imitación de Cristo*, pues esta lectura le daba fuerza espiritual igual que a Manolín Guillot, en una misión a Cuba, en la lucha clandestina, acompañado de Modesto García, le preguntaron por su lectura de la misma obra de Tomás de Kempis. A lo que Guillot le manifestó lo mismo, que contiene la luz de Cristo en momentos difíciles.

Rogelio González Corzo en su inmaculada vida practicó la castidad. Era un hombre puro. Se dice que él quería llegar al altar sin haber tenido relaciones sexuales con ninguna mujer.

Rogelio era de clase media. Era muy buen estudiante. Fue bueno. Era confiable. Era servicial. Sacrificado.

La última carta de Rogelio dirigida a sus padres y hermanos constituye una profesión de Fe en la Resurrección, en la vida perdurable, un mensaje evangelizador y apostólico, pensando que con la ayuda de la religión pudiera darle un consuelo a sus seres queridos.

Tenía Rogelio una personalidad decidida, siempre tranquilo, sosegado y sereno. Un muchacho pacífico y estudioso, que dominaba la literatura igual que las matemáticas. Era un ser humano sumamente generoso, que se preocupaba por el bien de los demás. Era una persona de práctica religiosa, comulgaba diariamente. Era devoto de Nuestra Señora de la Caridad del Cobre, Patrona de Cuba. Cursó sus estudios primarios hasta cuarto grado en el Colegio San Francisco de Sales, en Marianao.

Rogelio murió como un mártir frente al paredón de la Cabaña gritando heroicamente: «¡Viva Cuba libre! ¡Viva Cristo Rey! ¡Viva la Agrupación!...» y no pudo terminar la frase porque cayó bajo las balas de sus ejecutores. Vivió por muchos años una vida interior intensa de comunión diaria, rosario y meditación. Murió por la Fe y la Patria. Su esperanza en la Vida Eterna.

Una vez, en el año 1961, Salvador Subirá se encuentra con Rogelio, y él le dijo: «Yo sé que no voy a sobrevivir a esto», presintiendo su muerte cercana. Tenía la fuerza de un cruzado.

Sólo la fuerza de la fe fue lo que movió a «Francisco» a enfrentarse a la dictadura comunista. Conocía el peligro. Rogelio estaba dispuesto al sacrificio, al martirio. Nunca le temió. Liberado del pecado y de la muerte escogió el camino recto que lo conducía a la gloria infinita. Murió donde el deber le señalaba.

Mártir es aquel que da su propia vida por la verdad del evangelio y Rogelio González Corzo como dio testimonio de la verdad, bien sea con palabras o bien con hechos trabajando de alguna manera en favor de ella, puede llamarse con todo derecho Testigo y se convirtió en Héroe, Mártir y Apóstol del Cristianismo.

Rogelio era un ser humano que tenía una filosofía cristiana y una fe inquebrantable en los destinos de la Patria, tenía que estar con la pureza de los ideales al igual que José Antonio Echeverría. Con Cristo por razones espirituales y con Martí con respecto a la Patria.

«Para un cristiano siempre es un honor sufrir por su fe.
Es una parte fundamental del cristianismo».
Hermana Jana Srutova de Checoslovaquia,
que sufrió los horrores del comunismo.

Juan Manuel Pereira y Varela

Nació el 31 de enero de 1941 en La Habana, Cuba. Sus padres (de origen español) fueron Juan Pereira y Pereira y Aurelia Varela Moreno, ya fallecidos.

«Juanín», como le llamaban familiares y amistades, era de carácter dulce, callado y servicial. Profundamente juicioso, suave y humilde. De estatua mediana, sobre lo alto, proporcionado, de rostro bien parecido, pelo castaño oscuro. Pereira era un hombre fuerte y alegre, ducho en natación y en deportes acuáticos, con cualidades naturales de líder.

Cursa la segunda enseñanza en el colegio Baldor. Él fue la mejor representación que tuvo el colegio Baldor en natación, categoría de menores de 18 años, y uno de los que mayor puntuación le dio a su escuela. Siempre dispuesto a lo más difícil. Sacrificado hasta el máximo de la capacidad humana. El joven estudiante participa en la competencia de natación en la piscina del Casino Español. Pereira rompe el record de los 50 metros de espalda que estaba en poder de Ignacio Carrera Jústiz, desde el año 1954, con tiempo de 35 6/10. Juanín no se conforma con romper el record y bajarlo en 5 décimas de segundo, sino también gana un primer premio y en estilo libre clasifica en tercer lugar. También practica y juega baseball con éxito.

Segundo lugar de cuarto año de bachillerato «A», alcanzando extraordinario premio de Religión: *Salvador Rodríguez Rogelio*, desarrollando el tema «El Evangelio y los ideales de la juventud». Recibió diploma y dinero. En junio de 1958 es graduado Bachiller con excelentes calificaciones.

Por su fe cristiana y su trato humano en su vida sacramental, decide entrar en la Agrupación Católica Universitaria y el 8 de diciembre de 1959 se hace congregante, con un sentido de responsabilidad con la Iglesia y la Patria.

En 1960, Pereira ingresa en la Universidad de La Habana y matricula Arquitectura, convirtiéndose en poco tiempo en Delegado del curso por sus compañeros de carrera.

Juanín no tenía vocación política, ni militar, sino que era un hombre de condición familiar y dedicado al estudio. En sus Ejercicios Espirituales, en su meditación cristiana, se hacía grande por su caridad y su amor al prójimo, preocupado por hacerle el bien. Se destaca como dirigente estudiantil católico.

Al iniciarse la lucha contra la tiranía comunista fue Pereira Varela de los primeros en acudir a ella, participando en los acontecimientos que exigían libertad y democracia para el pueblo cubano. Sus padres nunca se opusieron a los ideales de Dios y de Cuba que defendía Juanín, aceptando sus pensamientos, se compenetraron con él.

Se organiza una protesta y Juanín se une. El día 5 de febrero de 1960, por la visita de Anastas Mikoyan, comisario ruso, deposita flores ante la estatua del Apóstol Martí en el Parque Central de La Habana que causó malestar entre los estudiantes y el pueblo en general ya que el político soviético representaba la esclavitud comunista y el sistema totalitario. En acto de repudio y desagravio, los estudiantes depositaron una ofrenda floral en memoria del libertador cubano.

En la manifestación se encontraban Alberto Muller, Luis Fernández-Rocha, Juan Manuel Salvat, Ernesto Fernández Travieso, Juan Clark, Teresita Baldor, Manolín Guillot, Virgilio Campanería, Herman Koch, Joaquín Pérez, Emma Espino, Guillermo Othón, Fernando Tres Palacios, Antonio García-Crews, Roberto Borbolla y Luisa Díaz, entre otros. Hubo heridos y detenidos. Con motivo de la creciente situación política hacia el comunismo, el patriota cubano Juanín Pereira y Varela forma parte de la fundación del Directorio Revolucionario Estudiantil, dentro de cuyas filas fue ascendiendo en responsabilidades y prestigio, demostrando gran valor por la causa libertadora.

Ya Juanín, con el seudónimo «Miguel Ángel», es nombrado Responsable de Seguridad de la organización estudiantil. Se destacó salvando la vida a numerosos compañeros de la resistencia a quieres protegió de la acción de la policía secreta del gobierno comunista. El dirigente estudiantil también actuó en la sección de Propaganda hasta el 17 de abril de 1961. En ese tiempo, Pereira hace una visita a la prisión de Boniato, en Oriente, para hablar con Alberto Muller que le pidió que asumiera la dirección nacional del Directorio, por ser fiel representante de una juventud que rechaza toda opresión y tiranía, ya que Luis Fernández-Rocha se encontraba asilado y Juan Manuel Salvat en espera de salir del país.

Ostentando la jefatura de la entidad patriótica, «Miguel Ángel» se da a la tarea de la reestructuración de la misma y planea algunos viajes al interior de la isla. Contará con la asistencia de su compañera del D.R.E., Raquel La Villa, en una de las misiones a Cienfuegos en la provincia de Las Villas.

Algunas amistades como Álvaro Ledón, Pancho Miranda y Alberto Alejo se comprometieron a darle a «Miguel Ángel» protección, seguridad y refugio en sus casas, en caso que tuviera que ocultarse por estar en peligro de ser detenido o asesinado por la fuerza policiaca.

En el verano de 1961, luego del fusilamiento de Porfirio Ramírez en la provincia de Las Villas, la represión del gobierno castrista se recrudeció en el territorio nacional.

Líderes del D.R.E. de Santa Clara vienen a La Habana en busca de ayuda bélica para la lucha interna. José A. Albertini se entrevista con Pereira Varela. En la conversación, Juanín se opone al plan de uso de armas para castigar y ajusticiar a alguien porque sus principios y convicciones religiosas no se los permiten.

En la noche del 17 de diciembre de 1961, un grupo de jóvenes que iban a salir del país se encontraban en la costa de Pinar del Río. Son sorprendidos por la soldadesca comunista. Allí, mismo, «Miguel Ángel», quien se encontraba en una misión patriótica, cae abatido frente al mar oscuro, recibiendo tres balazos, uno en el pómulo y dos en el pecho. Murió al momento.

Son detenidos Luis González Marcilo, Carmelo González del Castillo y Emilio Martínez Venegas que era amigo y compañero de Pereira Varela en la Agrupación Católica Universitaria.

«Miguel Ángel» es colocado por órdenes del sargento en un ataúd marcado sencillamente con «un tal Juanín». En el lugar de la muerte del patriota, los soldados abrieron una fosa y depositaron el cadáver.

De inmediato, el Directorio Revolucionario Estudiantil denuncia a la opinión pública mundial que su Coordinador Nacional en el clandestinaje, Juanín Pereira es asesinado por el gobierno de Fidel Castro. *Nadie ofrece más amor que aquél que da su vida por Dios, por la Patria y por el Prójimo.*

La madre del héroe y mártir dijo, llorando por teléfono: «No sabían que mataban a un santo». Posteriormente, ella, en compañía de su esposo, trataron de averiguar la desaparición de su hijo pero las autoridades castristas le mintieron y le dijeron que estaba preso. Los familiares siguieron indagando hasta que reconocieron su defunción. El gobierno se niega a darles el cadáver de su hijo hasta que, al fin, les entregan el cuerpo de Juanín con la ayuda de un religioso siendo enterrado en el cementerio de Colón.

Algún tiempo después, los padres de Juanín escribieron una carta al padre Amando Llorente en la que hacen referencia a su único hijo: «El murió, pero los ejemplos no mueren y nosotros nos sentimos muy orgullosos de ser sus padres».

Cuando Juanín vio que estaba en juego la causa de Dios, el heroico batallador se entrega totalmente a la lucha democrática para alcanzar con ella las libertades de su pueblo Pero, al morir, nace una estrella que brilla en el cielo para servir a Cristo y al suelo querido por él con todo su corazón.

Como dijera el Directorio Revolucionario Estudiantil, sobre la figura limpia de Juanín Pereira Varela, «cayó un cuerpo sin vida y se levantó un alma grande».

> *«Cuando los hombres luchan por causas justas y por su libertad, obtienen con ello la satisfacción de la vida a la honra de la muerte».*
>
> Carlos Rodríguez Cabo
> Fusilado por el régimen comunista
> de Fidel Castro el 18 de abril de 1961

Rogad a Dios por el alma de

Juan Pereira Varela

que falleció en Pinar del Río el día 17 de Diciembre de 1961.

R. I. P.

Recuerdo de la misa celebrada por su eterno descanso en la Iglesia del Sagrado Corazón de Jesús (Reina) el día 31 de Enero de 1962, a las 9 a.m.

No lloréis por mí los que tanto me habéis querido. Yo muero, pero mi alma y mi cariño no mueren. Os amaré en el cielo como os he amado en la tierra.

✝

Dadle, Señor, el descanso eterno y que vuestra infinita misericordia haga brillar en su alma la eterna luz de vuestra gloria.

✝

El recuerdo de sus virtudes y bondades queda grabado en nosotros como bálsamo de consuelo, que alienta nuestra fe.
(*San Agustín*).

✝

Aunque has desaparecido en la forma material espiritualmente estás presente en nuestro pensamiento.

✝

ORACION

¡Oh Dios! que te lo has llevado hacia Ti, del lado de los que tanto lo querían, concédele la felicidad eterna reservada a los justos y a los buenos. Amén.

al bon marché

DESDE C U B A

14 de Agosto de 1962

Estimado Padre:

Esta carta para vos, debía ser una cosa muy especial; de parte nuestra, si nosotros supiéramos escribir tan lindo como lo hacen Uds., cuando cojen una pluma en sus manos.

Primero que nada rogamos perdón por tanta demora; el deseo de escribir a quien tanto quería a nuestro Hijo, nos hizo demorar más y más la contestación, al no saber expresar en el papel nuestros sentimientos, a vuestra persona; lo que sentía él por vos era veneración y ese mismo sentimiento es el que anida en nuestros corazones.

El murió, pero los ejemplos no mueren y nosotros nos sentimos muy orgullosos de ser los padres y vos también lo sois, de un hijo que pertenece a la ACU del Cielo, como antes perteneció a la de la tierra, no sabemos como agradecer todo lo que habeís hecho por él cuando estaba en el mundo y todas las misas y oraciones por su alma después.

Como buen soldado de Cristo murió por su Fe y por su Dios, vos sabeís cuan profundamente sentía él la religion y a Ud. debía él su formación.

En sus pocos años acumuló méritos suficientes para descansar y vivir comodamente en el Cielo.

Que Dios nos dé a nosotros, resignación y valor para soportar esta separación que esperamos sea muy corta. Muchos recuerdos a Barbeito en Puerto Rico y a Evelio en esa, así como a todos los demás conocidos y Ud. mande lo que gusta a S.S.Servidores.

(firman los padres de nuestro inolvidable Juanín)

Carta de los padres de Juanín al P. Llorente

Manuel Guillot («Monty»): ¡Viva Cristo Rey!

«Mi obligación de católico y de cubano es luchar hasta regar con mi sangre el suelo que me vio nacer o hasta conseguir la libertad de Cuba».

Manuel Guillot

Un día abrí un libro que se titulaba *Historia de un alma* (autobiografía de Santa Teresa de Lisieux), y leí detenidamente en la primera página de la introducción, palabras bellas y santas cómo estas: «Los Santos nacen a la vida, después de la muerte». Y esto debe ser, honradamente, aplicable a Manolín —nombre que los amigos y familiares acostumbraban darle en forma cariñosa; porque él comenzó a vivir después de su ejemplar inmolación. Y, como señalan las notas del Himno Nacional de Cuba: «Que morir por la patria es vivir», Manolín vive como antorcha luminosa en cada alma cubana que lucha por la patria contra la esclavitud férrea del comunismo.

Quisiéramos destacar la figura gallarda de Manolín, y su espíritu elocuente y sincero; y meditar sobre el mensaje que nos da su cristiana y revolucionaria vida, porque la vida de Manolín fue un continuo santuario de ofrendas. Una constante entrega de abnegación y de amor pleno a la causa de Dios, y a la de Cuba, que sufre y espera con ansias el día de su libertad.

Manolín fue, es y será una plegaria viva de lucha y de amor, y su existencia un diario recordar de lo que significa el valor espiritual.

Nació en La Habana, capital de Cuba, el 26 de septiembre de 1936, siendo sus padres Manuel de J. Guillot y Virginia Castellano. Una familia consagrada al bello ideal de redimir a un pueblo de comunismo ateo.

Cursa en el colegio de La Salle del Vedado su primera enseñanza; en Estados Unidos ingresa en la Greenbriar Military Academy, en West Virginia, a cursar su segunda enseñanza, el arte de las disciplinas militares y el idioma inglés, el que llega a dominar fluidamente; destacándose como un experto tirador en distintas armas de fuego y un excelente nadador de distancia en el campo de los deportes. Años más tarde regresa a Cuba e ingresa en la escuela profesional de Comercio de La Habana donde se gradúa. Posteriormente, en la Universidad de La Habana, se matricula en la escuela de ciencias sociales y, simultáneamente, dedica cuánto tiempo le era menester a sus inquietudes revolucionarias contra el régimen usurpador de las libertades patrias.

Su rebeldía

La rebeldía de Manolín frente a la tiranía comienza y hace sentir su glorioso impacto, cuando hace público su emplazamiento a Fidel Castro en los periódicos *Diario de la Marina*, *Prensa Libre* y *El Crisol* para que defina su posición política y no esconda por más tiempo la verdad; conminándolo a aprovechar la anunciada entrevista *Ante la prensa* por la CMQ televisión, e informar al pueblo la verdad de su pensamiento político respecto a la trayectoria de la revolución que comandaba, que ya daba señales sospechosas de una infiltración comunista. Efectuada la entrevista televisada, el periodista cubano José Luis Massó le preguntó a Fidel:

—Comandante, ¿piensa usted contestarle al joven estudiante Guillot el emplazamiento que le hizo para esta noche?

—El joven Guillot es un joven bien intencionado— le contestó Castro. A los que tengo que contestarles es a esos intetelectualoides que se parapetan en él (se refería a José Ignacio Rivero y Sergio Carbó), que no tienen el valor de hacerlo por sí mismos. Es a esos, a los que tengo que contestarles, por reaccionarios y resentidos.

En las primicias de su gobierno, Castro, ebrio de inmerecido orgullo por el supuesto heroísmo de su triunfal revolución, concibió la idea de invitar a todos los periodistas del mundo, con todos los gastos por cuenta del Estado cubano, a presenciar la verdad de su revolución triunfante. ¡Qué sarcasmo! A esa grotesca farsa, hubo de denominarla «Operación Verdad».

Entre los numerosos periodistas que arribaron, se encontraba un grupo de chilenos de afiliación demócrata-cristiana, quienes advirtieron y señalaron a Manolín la influencia y penetración roja en el gobierno de Castro, por la presencia en la capital habanera de distintas personalidades del comunismo internacional; elementos que, según dijeron, jamás abandonan sus baluartes para compartir celebraciones en eventos en que no tengan un primordial interés de captación de partidarios. El interés, ya se vio: robar la revolución a su legítimo dueño: ¡el pueblo! Ello motivó que Manolín se pusiera en guardia frente al comunismo; parecía indicar como si las palabras del malogrado joven Joe Westbrook estuviesen grabadas en el corazón de Manolín: «Cuba, sal de tu futuro negro. Pueblo, levántate y anda. ¡Anda en busca de tu libertad!».

Manolín fue congregante de la gloriosa Agrupación Católica Universitaria el día 8 de abril de 1961; siendo destacada su joven figura de católico práctico entre sus amistades que solían verlo invariablemente portando un pequeño librito con la esencia viva del cristianismo: el Nuevo Testamento. También, el librito de Kempis *Imitación de Cristo*, obsequiado por un íntimo amigo y compañero de ideales.

En su carácter había una ambivalencia. Se diría que para la misión el destino le había deparado, era un santo seglar, un ejemplar hijo, un devoto y entusiasta trabajador por el reino de la justicia y, a su vez, un inexorable jefe de una actividad revolucionaria clandestina que se movía impertérrito ante el asedio constante de la muerte. Comulgaba diariamente y se afincaba continuamente en la heroica faena de libertar a su patria.

Una vez, navegando hacia la isla en misión clandestina, leyendo un libro titulado *Entre la Espada y la Cruz*, cuando Modesto García, un tripulante, jovialmente hubo de preguntarle: «¿Con ese material (el libro), puede destruir un calibre 50?». A lo que Manolín respondió serenamente: «No se puede... ¡pero me da valor para afrontarla!».

Cargó con el pesado madero de la Cruz, pero lo llevó con alegría, porque estaba consciente del reino de Dios, y del deber histórico que Cuba, su patria, le ordenaba realizar.

Otra anécdota que revela la dualidad de su carácter cívico-religioso ocurrió con ocasión de su ingreso en el Greenbriar Military School, cuando el primer domingo que era reglamentario el asistir en formación militar desde la academia hasta el pueblo cercano a oír misa, observó que la columna se detenía ante la portada de una iglesia protestante. Le objetó a su capitán que no podía entrar en ese templo, porque él era católico. El capitán le respondió que esa era la religión oficial de la Academia, y de obligada asistencia para toda la tropa. Elevado el caso al coronel-jefe, éste ratificó la orden, haciendo prevalecer el reglamento y las normas de la institución, de siempre establecidas. Manolín correctamente parado en atención y con respeto, le argumentaba que consideraba injusto se obligara a todos, especialmente en asuntos tan sensible como era la religión, a asistir al culto de una religión que no profesaba... Para su sorpresa, al domingo siguiente, recibió permiso para separarse de la columna al llegar al pueblo y asistir a la misa en la iglesia católica, y de reincorporarse inmediatamente terminados los oficios. Y el coronel comentó: «primera vez que un cadete se atreve a plantear un problema semejante». Y esto sucedió, contando solamente 13 años, prácticamente un niño. Es decir, que ya tenía carácter y vocación para manifestar la virtud de la santidad integral.

Su infiltración

Era el día de la Nochebuena de 1960. Por conducto confidencial, los padres supieron que Manolín había desembarcado clandestinamente en Cuba y que iría a cenar con ellos a la finca «La Niña», su hogar. Se improvisó la cena de ocasión y se dio asueto a la servidumbre toda, a fin de que nadie supiera de su presencia. Acudió en horas tempranas de la noche, y antes de marcharse a la «misa de gallo» en la iglesia de Arroyo Arenas, vehementemente les suplicó a sus padres se fueran de Cuba. Abrigaba el temor de que las huestes represivas, en su afán de capturarlo, arrestaran a sus padres. Y si ello ocurría, inevitablemente él se presentaba, aun con el enorme dolor de ver inconclusa su misión, a tan sólo días de la inminente invasión de la Brigada 2506 ya programada, y para la que específicamente se había infiltrado en Cuba a la vanguardia de la misma para dirigir misiones de comandos y que en definitiva disciplinadamente no actuaron en espera de una orden que nunca llegó. Esa orden, repito, nunca llegó y la historia necesariamente tendrá que explicar en su día por qué no fue dada.

Los padres de Manolín, en consecuencia, salieron de Cuba el 17 de enero de 1961 a residir a Miami. Inmediatamente se personaron en el Estado Mayor del Frente Revolucionario Democrático, donde formalizaron su reclutamiento militar; y, ya el 4 de abril del propio año, Virginia, su madre, cumplía su primera misión entrando en Cuba portadora de los planes de fuga de «Francisco», quien se hallaba preso anónimamente. Este sacrificio fue inútil porque, al ser descubierta la identidad de «Francisco» por confidencias llegadas de Miami, fue localizado e incluido abruptamente en una causa que culminó con su fusilamiento el 20 de abril de 1961; o sea, tres días después al desembarco de la gloriosa Brigada en Playa Girón.

Nos encontramos a mediados de mayo de 1962. «Monty» está en Miami con «Omar» en gestiones de acoplamiento y suministros, cuando comienzan a llegar informes de Cuba. Informes trágicos: la mayor parte de los miembros de la Dirección Nacional, están siendo arrestados por el G-2. Manolín decide interrumpir su estancia en Miami, postergar todos los trámites que lo trajeron a esta ciudad y regresar urgentemente a La Habana para descubrir el traidor o traidores infiltrados en el movimiento; y que estaban delatando a la Plana Mayor del organismo.

Sus compañeros, infatigablemente insisten en persuadirlo en que no regrese aún; pero él, que sabe que intentarlo en estos momentos es sumamente difícil, casi suicida, lo hace, por considerar su deber el tratar de salvar a los que pudiera. Sabía lo que le esperaba, puesto que después de despedirse de su madre, en secreto, le dijera susurrando a su padre: «Viejo, esta vez sí es dura la cosa; pero si logro desembarcar y permanecer libre siquiera 10 días, recen porque así sea, de todo lo que me ocurra me doy por satisfecho si con ello logro salvar las vidas de cuantos pueda avisarles; sobre todo, si logro descubrir al traidor que, como sospecho, existe en la alta jerarquía del movimiento, o si las detenciones simultáneas en las seis provincias son producto de pesquisas exitosas del G-2».

Es el 28 de mayo de 1962 en la noche. Se está celebrando una de las más trascendentales reuniones de los jefes de las principales organizaciones clandestinas, con objeto de unificar un mando común en la recepción de materiales y equipos; iniciativa genial de «Francisco», que quedó inconclusa por su nunca bien llorada muerte. Esta vez se logra el acuerdo unánime, recayendo la responsabilidad en «Monty». A la terminación del acto, un recado urgente de la novia de un compañero preso y seguro candidato al paredón: necesita ver urgentemente a Monty. Y viene la fatal cita: a las 8:00 de la mañana en la cafetería La Copa de Miramar.

Detenido y fusilado

Y en las primeras horas de la mañana del 29 de mayo de 1962, es detenido por el G-2 en ese lugar e incomunicado hasta el 30 de agosto del propio año, en que es buscado en la Fortaleza de la Cabaña y, acto seguido, fusilado. En esos momentos ostentaba el cargo de Coordinador Militar.

Había sido juzgado por sorpresa, por un tribunal incompetente, frustrado y odioso en la desierta sala de Justicia Militar de la Cabaña[11]. Me lo represento yendo al encuentro con la muerte, altivo, viril, majestuoso ante aquel tribunal de la indignidad formado por togas ensangrentadas; magnífico en su aplomo y serenidad imperturbable, decirle a sus abominables jueces: «Mi vida será un ejemplo para aquellos que aún no están seguros de una causa que es de Dios, y si pudiera hacer más, ¡más haría!».[12]

Se hicieron muchas gestiones para salvarle la vida, pero todo fue infructuoso, porque para el poder rojo no hay clemencia, ni calidad humana. Todo lo devora.

Sin embargo, el propio Castro señaló descaradamente al principio de la revolución —robada miserablemente al pueblo—: «Yo quiero decirle a las madres cubanas que, jamás, por culpa nuestra, se volverá a derramar sangre cubana. Matar no hace más fuerte a nadie...solo los cobardes y los esbirros asesinan a un adversario». Y, mientras esas hipócritas frases, hechas para la galería, llenaban de inefable esperanzas a las madres cubanas, apenas meses después, es visitado Artime en mazmorra cancelaría por un abyecto mensajero del chacal, el comandante Piñeiro, más conocido por «Barba Roja», para decirle cínicamente: «Hemos fusilado a tu amiguito Manolín».

---

[11] Manolín Guillot, no culpó a nadie y cargó con toda la responsabilidad ante el tribunal y le dijo al abogado que lo defendía estas exactas palabras: «Doctor, no me haga contradecirme para salvarme, porque no voy a negar mi participación en los hechos, porque si tuviera oportunidad de vivir lo volvería a hacer. Por mi conciencia de Cubano, por mi amor a la libertad y por mi Dios». (Hizo bajar la cabeza al fiscal del tribunal.)

[12] En un momento determinado, el joven Guillot se la acercó a su tía (hermana de la madre) que se encontraba presente en el juicio que el régimen de Castro le estaba celebrando a su sobrino, y le dijo: «Voy feliz a mi encuentro porque estoy cumpliendo con mi conciencia».

Manolín subió al Cielo

«Tengo fe que el martirio se impone y lo heroico vence».
José Martí

Y como bien dijera el texto del cable recibido en Miami con la infausta noticia: «Manolín subió al cielo»; solamente allí, en la gloria celestial, están los hombres de la estatura moral y de honestas convicciones como las que Manolín («Monty») pudo alcanzar en su corta vida.

«Bienaventurados los puros de corazón, porque ellos verán a Dios» —dijo el Divino Maestro. Y Manolín se ganó ese preciado privilegio por su conducta intachable y su profundo amor a Dios. Allá, en lo alto se encuentra con Fundora, Francisco, Carlay; con toda la Corte Celestial compartiendo la vida gloriosa de los Santos en la dulce y constante visión gloriosa del Divino Pastor: Cristo, Dios y Maestro.

Cabe decir que fue un soldado de Cristo; un abanderado de la Iglesia Católica y un incansable luchador por redimir a nuestro pueblo del comunismo ateo y nefasto. Manuel Guillot Castellanos, «Monty», murió como vivió: cristianamente, al grito de ¡VIVA CRISTO REY! ¡VIVA CUBA LIBRE!

Testimonios y cartas de Manuel Guillot Castellanos

El 25 de marzo de 1960 Manuel Guillot Castellanos pedía públicamente a Fidel Castro que definiera los destinos de Cuba en carta dirigida a él. En la misma le decía, entre otras cosas, lo siguiente:

«Señor Primer Ministro del gobierno revolucionario de Cuba, por segunda vez circunstancias de similitud extraordinaria me impelan a dirigirme públicamente sobre temas de ardiente actualidad. A expresarme —como cubano únicamente— con convicciones cristianas profundamente arraigadas, las cuales me dan el ímpetu espontáneo y necesario a las flaquezas de carácter que como todo ser humano pueda tener en momentos difíciles. Me dirijo a usted con todo el respeto que me merece su investidura y su historia, pero además con todo el dolor que produce ver uno de sus más caros anhelos sus principios más firmes, pisoteados impunemente por ciertas 'facciones extrañas' le escribo —tengo la completa seguridad— que no pienso simultáneamente en otra cosa que en nuestra bandera y sobre todo en Dios. Firmo solo, como la vez anterior, porque para defender ideales se basta cada ciudadano de por sí. Porque para decir bien alto que por Dios se está dispuesto a convencer, luchar, y morir, el hombre no necesita compañía. Porque el verdadero cristiano sólo anhela y teme a la Justicia Divina.

Vengo por este medio, señor Primer Ministro, a presentarle desapasionadamente el momento crucial que Cuba vive. A presentarlo a Cuba de pecho desnudo, de corazón abierto. A plantearle quizás el más grave problema de nuestra actualidad nacional, esperando le busque debida y sana solución.

Usted agradece a Dios el haber recibido su enseñanza en el Colegio de Belén. En este han penetrado tanto la doctrina cristiana como el ideario de nuestro apóstol Martí. Usted desde muy temprana edad sobresalió en sus debates políticos contra esas 'facciones extrañas'. Usted se acuerda que con las verdades que entonces esgrimía, dejaba siempre la defensiva a los conocidos 'cubanos sin patria' —a ese estudiante de Belén, a ese líder universitario, al revolucionario victorioso, es a quien pido una respuesta que defina, que tranquilice, que sea 'cubana con patria'. Porque Cuba está confundida y dividida, doctor Castro. Porque usted no hizo una de las revoluciones más trascendentales de la historia para que esto sucediera. Porque Cuba es revolucionaria, pero sin comunismo. Porque Cuba desea firmemente ser independiente, completamente independiente. Independiente y soberana sin presiones materiales pero tampoco ideológicas de nadie. Porque Cuba quiere ser libre. Pero libre en el amplio y único sentido de la palabra. Porque Cuba únicamente aceptará su dependencia de Dios. Más nadie a este pueblo podrá sojuzgar a fin de cuentas. Para nuestras pasiones y nuestros ímpetus, queremos solamente el freno de nuestra moral y nuestra tradición. Porque habrá hombres cobardes y le llamo específicamente así a los comunistas, pero nunca pueblos. Porque esos señores podrán ganar una batalla pero nunca la victoria. Porque Cuba es democrática cristiana y noble de sentimientos y los resentidos de siempre a la larga no tendrán cabida. Porque hay multitud de cubanos dispuestos quizás a perder parte de sus bienes materiales a favor de una justicia social. Pero ni los que perdieron, y los que nunca han tenido nada que perder, todos tienen una cosa en común. Algo que cuando se gana por vez primera, no se puede robar, ni confiscar, mi repartir, y eso es tan intangible pero tan cierto como que existe un soberano que no vemos pero que a disposición de todos está el sentirlo.

Ese 'algo' es nuestra moral cristiana, nuestras convicciones religiosas. Y quizás quien fuera cobarde —estando hambriento— para defender un pedazo de pan, no esté remiso a ofrendar su vida por esa paz interior.

Llamo a usted, como cabeza directa de esta Revolución, a la cordura. Y más que llamarlo a ella, lo hago a que defina de una vez y por todas los destinos de Cuba. A que quite para siempre y para gloria de la misma Revolución la duda de nuestras mentes. A que quite la esperanza, en acecho, de los 'cubanos sin patria'. A que defina los campos y ponga amplia cerca de púas (electrificada) entre esos señores y nosotros. Y cuando digo nosotros lo quiero incluir previamente a usted. Porque ha llegado el momento en que la Revolución aclare ese importante detalle. Porque si no es aclarado a tiempo, ahora, se considerará aclarado de por sí. No importa las divisiones que esto cause, los peligros que esto conlleve. Si el momento preciso se presenta, tenga la seguridad que no habrá otro puesto para Cuba que no sea a favor de Dios y en contra del comunismo. Cuba está despierta y en velo esperando su respuesta definitiva y es su impostergable responsabilidad ante la Historia y el mundo el darla ahora.

Respetuosamente Manuel Guillot Castellanos».

La respuesta de Fidel Castro al joven Manuel Guillot fue su fusilamiento el 30 de agosto de 1962 en la Fortaleza de la Cabaña.

Claro que la coletilla que le colgaron los censores a esta carta de Guillot en nuestro diario fue rabiosa, en la cual decían, entre otras cosas, que su contenido no se ajustaba a la verdad y que sembraba confusión.

Por la Constitución y las elecciones dentro del año

Juan Manuel Guillot deja fijada públicamente su posición de anticomunista. Para dejar precisada su posición frente a la extracción de 265,000 pesos al colegio de corredores de aduanas de La Habana, que quedó reducida a 25,000 pesos, frente a la coacción moral a la prensa y el control de los medios de difusión por el gobierno (radio, televisión, etc.). Frente al control estatal de las empresas y de los obreros, frente a la infiltración comunista y extranjerizante de todo tipo y frente al control del Súper Estado llamado INRA. Y a favor del respeto íntegro a la constitución, a favor de la celebración de elecciones en el plazo de un año, a favor de que se entregue al campesino la propiedad de la tierra de la única forma democrática, con pleno usufructo y libertad de compra-venta en un plazo aproximado de cinco años, cuando se hayan acostumbrado a amar un pedazo de tierra, a favor de las cooperativas por sus legítimos integrantes y de que Cuba vuelva a ser integrante de todos los cubanos; para ratificar sus convicciones de católico, anticomunista, defensor del bienestar legal y material de la casa profesional a que pertenece y de la verdadera Cuba hasta la muerte, nos envía una exposición —con el ruego de su publicación— el señor Juan Manuel Guillot Castellano, señalando que seguirá luchando por lograr la revolución verdadera, aquella por la que dieron sus vidas 20,000 cubanos, y que si es perseguido o apresado, quizás se sepa entonces, definitivamente, «las verdaderas intenciones que puede haber detrás de la cortina».

Aquí la exposición del señor Juan Manuel Guillot:

«A la opinión del pueblo de Cuba: Vuelvo a la palestra, esta vez con intenciones precisas y claras de, además de reafirmar mis dos anteriores cartas públicas y una tercera que fue enviada por correo certificado o personalmente a todos los periódicos de circulación nacional sin haber sido publicada por causas unas que supongo otras que desconozco, decir por esta misma vía preocupaciones de peso que me acechan, además de mi actual y ya formal postura ante la Cuba que desgraciadamente vivimos. Esto último, porque me he visto precisado a decir en asambleas generales del sector profesional donde me desenvuelvo, criterios y opiniones que mantengo por mi moral cristiana y mis principios y creencias de lo que considero debe ser la verdadera Revolución cubana. Me he opuesto decidida y públicamente en dichas asambleas a términos y posturas coactivas, atentatorias a la libre expresión y soberanía de dichos organismos. Hace algunos meses, rechacé de plano la petición desorbitada al colegio de corredores de aduanas de La Habana por parte del administrador. Se pedía a una clase de 465 integrantes la cantidad de $265,000 para armas y aviones. Hice énfasis en la presencia impropia de dicho administrador, acompañado de su guardia armada, en dicha asamblea donde se suponía se deliberase sobre este tema. A la salida del mismo del local, después de mi discurso, ya sin presiones exteriores, mis compañeros reconsideraron la cantidad que se les quería imponer dejándola en $25,000 de acuerdo con nuestras posibilidades colectivas. No conforme con la cantidad acordada, hubo presiones —las cuales fueron sin dilación aceptadas por nuestro presidente de La Habana, para que se celebrara otra asamblea que "revocara y aumentara el acuerdo anterior". No ajustándose dicho procedimiento en forma alguna al Reglamento que nos rige, impugné dicha nueva asamblea.

Vino otra última petición de la Aduana, que según ellos: "no tenía que ver con la anterior". Esta vez a la Asociación de Corredores de Aduana de la República de Cuba, a cuya directiva me atan grandes lazos de amistad y consideración por el valor personal de sus integrantes. Las palabras que expresaron en su petición al jefe de Asuntos Arancelarios de la Aduana y el presidente del Sindicato de Dependientes y Empleados de Corredores de Aduanas fueron casi textualmente así, "Bueno si el dinero de este Organismo está ya congelado por acuerdo anterior de otra junta general para hacer un edificio social y el sacar de ahí los fondos necesarios para esta aportación significa ir en contra del Reglamento de la Ley. ¿Quién de ustedes es el que va a tener el coraje de reclamarnos ese dinero después al Gobierno Revolucionario?".

La última parte de mi discurso en dicha nueva junta general, después de tomar en consideración todo lo anteriormente expuesto y así reiterarlo ante mis compañeros, fue casi textualmente, "Si alguno de ustedes, con responsabilidad de presente y del futuro hacia Cuba, me puede asegurar en estos momentos que nuestra patria está siendo llevada por un buen derrotero, que los odios que se han arraigado en nuestro pueblo son beneficiosos, que las armas van a ser verdaderamente usadas nada más que para defender a Cuba contra una agresión, que la constitución se respeta ampliamente, que el control estatal extraordinario a que se llega a pasos agigantados es beneficioso y no perjudicial y con fines coactivos, que todas las opiniones y las minorías tienen libre albedrío sin futuras consecuencias de tipo alguno, en fin, que no existe el terrible peligro de estarse guiando a la República hacia cánones comunicantes con infiltración extranjera y extranjerizante, palpables, yo entonces estaría de acuerdo en dar no sólo los mil pesos si no cualquier cantidad necesaria de mi bolsillo particular".

No se acordó la nueva aportación. Mis palabras fueron emitidas a plena responsabilidad. Después de meses de análisis, de dolor patrio profundo, de progresiva defraudación en lo que es mi ideal para Cuba. Por si las autoridades han querido averiguar cuales fueron mis palabras en esa oportunidad, aquí transcribo lo más importante de ellas. Por si quieren tomar represalias de otro tipo a las amenazas indirectas y solapadas que ya he recibido en el pasado. Por si quieren acabar de demostrarle al pueblo de Cuba que ya queda bastante poco de seguridad para el que quiere opinar de acuerdo con sus principios si estos son contrarios de alguna forma al modelo único que se le quiere imponer.

Voy más allá. Voy a exponer definitivamente las conclusiones a las que he llegado sobre la que debe ser mi postura ante la etapa única que vive en Cuba. Me consideraré nuevamente en esta etapa, si vuelve a ver plena libertad de criterios para todos los cubanos; si se desaparecen de nuestra historia las infames coletillas que sirven de coacción moral bochornosa a la Prensa; si se deja el Gobierno de controlar casi todos los medios de difusión radial, televisada y escrita, si las peticiones gubernamentales de apoyo económicos se hacen funcionar de forma verdadera mente voluntaria; si se vuelve a dejar evolucionar la libre empresa en todo lo que no sea estrictamente industrias básicas; si se elimina el control estatal sobre el obrero (en todas sus formas); si se vuelve a respetar íntegramente la Constitución; si se celebran elecciones ya en el plazo de un año, si se elimina "fehacientemente" la infiltración comunista y extranjerizante de todo tipo; si se le entrega al campesino la propiedad de su tierra de la única forma democrática; con pleno usufructo y libertad de compra-venta en un plazo aproximado de cinco años; cuando se hayan acostumbrado libremente a amar su pedazo de tierra; si se deja la administración de las cooperativas únicamente en manos de sus legítimos integrantes si necio control del Super Estado INRA como hasta ahora, en fin, cuando Cuba vuelva a ser íntegramente de todos los cubanos.

Mientras tanto, me consideraré "HONROSAMENTE contra revolucionario", si se me titulara así por mis convicciones como católico, anticomunista por principios, defensor de la libre expresión, defensor del bienestar legal y material de la clase profesional a que pertenezco, contrario a la coacción material o moral de Gobierno a Pueblo, miembro del ejecutivo de una organización cívico-política cristiana, o por ciudadano dispuesto a defender a la "verdadera" Cuba hasta la muerte.

Vuelvo a repetir, no admitiré —y por lo tanto lo califico con anterioridad de falsa— otra imputación que no sea la expresada por mí en el párrafo anterior. Si todo esto me sitúa como contrarrevolucionario, lo sería además de furibundo antibatistiano, porque contra aquel dictador y tirano, también luché en mi humilde forma. Sería contra revolucionario contra "este", tipo de revolución, que según mi criterio no es la Cuba soñada.

Si confirmar en esta carta pública mis posturas anteriores, una opinión más entre las tantas que debe aceptar toda plena democracia, significa que seré perseguido por "Esta" Revolución, seguiré donde me encuentre luchando por lograr la Revolución verdadera, por la cual dieron sus vidas 20.000 cubanos. Y todo riesgo dejo en manos del actual Gobierno la decisión sobre mi persona que crean conveniente. Porque el pueblo sabrá ya si soy perseguido, calumniado o apresado, la razones cristianas que tuve para adoptar mi postura. Quizás entonces se sepa definitivamente las verdaderas intenciones que puede haber detrás de la cortina. Por mi parte me mantengo con Dios y con mi patria.

Juan Manuel Guillot Castellano».

Aclaración. Esta exposición se publica por voluntad de esta empresa periodística en uso de la libertad de prensa existente en Cuba, pero el Comité Local de Libertad de Prensa de Periodistas y Tráfico de este Centro de trabajo expresa, también en uso legítimo de ese derecho, que la misma contiene expresiones insidiosas y forma parte de la conjura contra la Revolución Cubana.

Octubre 3 - 1960

Mis padres amados:

Al momento de escribir estas letras me embarga el llanto y la alegria. Me siento solo porque la distancia material nos separa. Me siento mas cerca de ustedes que nunca, porque quizas nunca los he comprendido tanto. Porque quizas nunca sus palabras orales fueron tan elocuentes como sus palabras escritas. Porque quizas nunca los senti tan compenetrados conmigo. Hemos estado quizas ahora tan unidos en la distancia, como otrora separados en la compania. Quizas la distancia nos brinda la elocuencia que nos falta frente a frente. Nos extrae la veneracion que quizas antes no hemos sabido demostrar aunque sintamos.

Me arrodillo de agradecimiento ante Uds., porque supieron inculcarme mis deberes patrios. Porque supieron perdonarme mis defectos mil. Porque supieron--a costa de sacrificios sobrehumanos--llevarme de la mano por la vida. Los venero sobre todo porque me ensenaron a Dios.

Y como de otra cosa carezco, les entrego con manos temblorosas ese regalo que al nacer me hicieron. Les entrego con este rosario, a ambos. A Jesus y a Maria.

No he sabido nunca tampoco reciprocarle a Ellos--al igual que a uds.-- el regalo magnifico de su compania. Haganlo por mi. Agradezcanles en el rosario matutino el perdon de mis pecados tantos. Supliquenle en la comunion dominical mi cercania a Ellos.

No merezco ni siquiera perdon, y sin embargo les pide me recuerden.

No malgasten rosas, envienme oraciones. Que cada recuerdo de Uds. sea una plegaria dirigida a El que me ha permitido el honor de ofrendar mi vida por la patria que como nunca se desangra y llora.

Y si algun dia, alguien sobreestimando en demasia mi humilde deber para con el suelo que me vio nacer, elogiar mi pobre vida, quisiera, supliquenle por Dios, por Uds., y por mi, que deseche esa idea por una buena obra que tanto necesito, una plegaria por mi alma.

Si Dios, con su infinita bondad, con su misericordia mil veces a mi demostrada, quisiera olvidar mis multiples pecados y acercarme a El, alli los esperare, con los brazos abiertos, el corazon y el alma abiertos, para estrecharlos eternamente.

Perdonen Uds. al hijo que no supo merecerlos. Perdonelo Cuba. Perdonelo Dios.

                                            Manolin

Oct. 3/1960

Mayo 20 de 1961

Queridos Padres:

Les escribo con la tristeza de pasar estas horas de una fecha patria separado de mi Pais por una extraterritorialidad bondadosa y con la carga sobre mis hombros de una derrota inesperada y cruel. Con la pesadumbre inconmensurable de no haberme sido posible el evitarla. El haber sido complice quizas en la perdida de tantas vidas y tantas ilusiones. Con el inmenso dolor de ver a mis hermanos mas queridos, muertos o presos y con peligro de muerte. Y sin embargo, yo seguro, cualquiera de ellos, insustituible. Yo, seguro. Cualquiera de ellos indispensable para la Cuba nueva. Yo, a salvo. Sentirse defendido, pero indefenso; respaldado, pero impotente. Una sensacion que ni se olvida ni se la perdona uno por el resto de su vida.

No se si podre explicarme o me podran comprender lo que aqui expreso. Despues de la invasion, inmediatamente salio en los periodicos la noticia del juicio y proximo--casi inmediato--fusilamiento de Pancho. Al propio tiempo, la derrota de Manolo. Horas desesperantes, viendome incapaz--por falta de tantas cosas que nunca llegaron--de hacer por lo menos la parte alicuota que me correspondia en este lado de la Isla. Fue entonces que cai preso al efectuarse un registro en la casa que llevaba unos dias viviendo. Y media hora despues de estar montado en la maquina atras custodiando, tambien llena; despues que se averiguo por ellos que la direccion de la casa donde yo dije vivia hace tiempo, era falsa; en aquel momento en que ya daba por seguro que descubririan que todas las identificaciones que yo daba eran falsas; cuando me vislumbre de espaldas ya a una pared y de frente a una descarga, me senti al fin tranquilo y con una alegria dificil de describir pasado aquel momento. Vino un interrogatorio de varias horas, acosado por mas de 10 personas haciendome preguntas de todo tipo, de frente al canon de una pistola cargada y montada. Al fin me senti libre de aquel complejo de culpa y de impotencia. Me senti co-participe entonces, y solamente entonces, del sacrificio que Dios habia pedido por la Cuba nueva que nosotros queriamos. Y mi tranquilidad fisica y espiritual en aquel momento era tan grande, que en los pocos intervalos que me dieron para atender otros asuntos, me les quedaba dormido en la silla, cosa esta que agravo la tension en gran forma. Y despues de aquello, Rafael y yo, que caimos juntos en aquella redada, pasamos incomunicados 13 dias en el G-2, esperando un segundo interrogatorio que seria fatal, pero que no venia. Y de alli, nos pasaron a la Cabana 6 dias mas, esperando el interrogatorio o la instruccion de cargos, y no venia. Y el pasado 9 de Mayo acabado de cumplirse un mes de haber pasado a Congregante de la Agrupacion, salimos mi companero y yo, milagrosamente, en libertad. Y sali libre otra vez a la calle, dejando a Pancho bajo tierra y a Manolo y Alberto entre rejas. Ellos que todo lo habian creado, inmoviles o maniatados. Yo, que no habia podido siquiera cumplir con mi minuscula parte alicuota de esta responsabilidad historica, libre e impotente.

Y no se cual sera el final de esta historia. Y ustedes pensaran cual es la razon de este relato. Hay varias. Una, desahogarme en estos momentos, con los unicos que puedo hacerlo. Otra, que viviendo ustedes, a traves de este relato, aquellos momentos, sepan, comprendan y me ayuden en la que indefectiblemente tiene que ser mi postura de futuro inmediato. Tambien, por si no termino esta etapa--que ahora parece alargarse indefinidamente--que mis companeros sepan quizas algun dia, mis verdaderos sentimientos de ayer y de ahora. Y por ultimo, por si Dios quiere que sobreviva, que El, ellos y ustedes me puedan ensenar esta carta cada vez que los golpes o los elogios de la vida, me hagan olvidar siquiera por un instante el deber inconmovible que tengo de llevar adelante, mientras vida quede, a costa de todos los sacrificios, los ideales y planes por los que ellos lo dieron todo, y yo no pude dar nada. Por si acaso desfallezco o me desvio en el intento.

Despues de todo esto,--necesitan que les diga cuales van a ser mis planes de futuro inmediato? O salir hacia alla--si esto puede ser rapido--para discutir y plantear un millon de cosas pendientes y confusas, y despues regresar aqui como sea. O-- si la salida demora demasiado--y aqui las cosas empiezan a organizarse medianamente--salir a unirme a los que aqui, en la calle, esperan con estoica paciencia volver a empezar lo que en estos momentos parece de solucion en el infinito. Quizas asumiendo--incapaz--responsabilidades inmerecidas. Por un lado estoy convencido que no puedo dejar de hacerlo; por otro, unicamente me da las fuerzas de hacerlo, el saberme ayudado por esa "Paloma" que no se ve, pero que tambien se sabe posar en el hombro.

Y mi unica verdadera tranquilidad en medio de todo este maremagnum de decisiones dificiles, es la de saberlos por lo menos a ustedes seguros, lejos de este infierno. Hasta en eso la "Paloma" me ha demostrado su cariño.

       Eternamente agradecido,

       Los besa,

       Manolin

P.D.- Perdonen el papel y la maquina. Vale
     Manolin

Ignacio Amador Suárez Carreño

Nació en el central «Nela», propiedad de su padre en Mayajigua, Las Villas, Cuba, el día 30 de abril de 1919. Sus padres: Patricio Suárez Cordobés (de Pinar del Río) y Manuela Carreño y Sardiñas (de Matanzas).

Ignacio era el menor de seis hermanos: Patricio, Eulalia, Manuel, María Eusebio y Luis le precedían. Educación: cursó sus primeros grados (enseñanza elemental) con su hermano Luis en escuelas de internos en los Estados Unidos (Mount Saint Michael 1926-27) en Bronx, New York (dos años) y en los Hermanos Cristianos (cuatro años), y posteriormente en Cuba, en Belén. Ignacio se graduó de bachillerato en el año 1936. Todos sus cuatro hermanos y su padre asistieron al mismo plantel escolar.

En la segunda enseñanza, Ignacio Suárez Carreño pasó a la universidad de Tulane en New Orleans, Luisiana por un año, ya que comprendía dos años (1936-1938) pero no pudo continuar allá por motivos de salud y regresó a Cuba para ingresar en la universidad de La Habana. Se graduó de ingeniero agrónomo y perito químico azucarero en 1942.

Una vez graduado pasaba la mayor parte del tiempo en el central «Nela» donde trabajó en el laboratorio como perito químico azucarero y además tuvo siembras de arroz, cría de puercos y por último dos colonias de caña que molían en «Nela». Más adelante se dedicó también al negocio de tractores que arrendaba a distintas entidades, especialmente a Obras Públicas (Ministerio) para hacer carreteras hasta que entró en el poder Fidel Castro.

Ignacio y Patricio compraron el departamento comercial del central «Estrada» en 1950.

Su creencia religiosa, su devoción por la fe

Ignacio Suarez Carreño, después de haber estado toda una vida en escuelas católicas, desde la niñez hasta su condición de joven, recibiendo una sólida orientación cristiana, lo lógico, en su caso era continuar cultivando su religiosidad. Dado a su fe en Cristo y su deseo de progresar aún más en su cristianismo práctico, como buen hijo de Dios, se unió a la Agrupación Católica Universitaria (ACU) y se convirtió en Congregante en diciembre 10 de 1939. La organización Mariana estaba dirigida por el padre Felipe Rey de Castro.

Como militante católico profundo, Ignacio hizo 14 años seguidos los Ejercicios Espirituales con el mencionado sacerdote jesuita y mantuvo contacto con él hasta que murió y, posteriormente continuó las charlas y doctrinas sobre la vida y obra de Jesús.

Suárez Carreño a los 27 años contrajo matrimonio con Graciela Portuondo y del Regil en la capilla del colegio Belén, oficiada y celebrada por el prelado Rey de Castro el día 10 de noviembre de 1946. De la unión Suárez Carreño-Portuondo nacieron cuatro hijos.

Las atrocidades del gobierno comunista

Llegó el año 1960, el régimen castrista atenta contra la propiedad privada y le coge los tractores a la familia Suárez Carreño y pago por ellos, en compensación una cantidad ínfima. Le confiscaron las colonias, todos los demás negocios que tenía en el campo, incluyendo uno reciente de estación de gasolina de la Esso Standard Oil Company, más la casa que había fabricado para él y su familia en el pueblo de

Mayajigua. Se quedó viviendo en La Habana. No pudo regresar a la zona de sus actividades, pues según rumores, podrían cogerlo preso.

En La Habana, Ignacio vivió en Miramar desde el mismo año 1960 hasta que lo detuvieron en abril de 1968.

Los hijos, cuando crecieron, recibieron educación cristiana adecuada en escuelas católicas, los tres varones estuvieron en Belén y la hembra en el colegio del Sagrado Corazón. Cuando el régimen marxista intervino a las escuelas privadas en abril de 1961, los niños se quedaron sin colegio. Los padres los mandaron a los Estados Unidos bajo la custodia del Catholic Welfare y el padre Walsh. Estuvieron en un orfelinato y después «foster homes» hasta 1964, que su madre vino a reclamarlos.

Los cuatro hijos de Suarez Carreño radicados en la nación americana estudiaron en universidades del país. Ignacio (contador), Felipe (ingeniero químico), Patricia (maestra del idioma español) y Jaime (Business Administration y Accounting) de Louisiana University.

Su labor patriótica

Ignacio y su preocupación por la vida política en Cuba, tuvo una visión clara, profética, desde el primer día en enero de 1959, que vio a Fidel Castro entrar en La Habana, comenzó a conspirar contra el nuevo gobierno. Ofreció informes de la presencia de tropas rusas, sobre la infiltración soviética en tierra cubana.

Él patriota y católico tuvo la oportunidad de salir de Cuba en 1964. Pero no aceptó. Él decía «que no salía de Cuba porque si su patria estaba en desgracia, él no la abandonaría. Ese era su deber, permanecer allí para luchar por sus libertades». Ignacio tenía grandes esperanzas en las victorias contra el comunismo. Su lema constante Dios, patria y familia.

Su prisión y muerte

Fue detenido un grupo de hombres, y vincularon a Suárez Carreño en la conspiración. Lo juzgaron en la misma causa penal y lo condenaron cuando fueron a operar a Ignacio de una dolencia en el intestino en la clínica Antonetti del Vedado. A las cinco de la mañana de un día de abril de 1968 se apareció la fuerza represiva del régimen del G-2, se lo llevaron preso a Quinta y 14, en Miramar, acusado de conspiración contra los poderes del Estado. Los sometieron a toda clase de interrogatorios y malos tratos con la idea de mandarlo después a la Cabaña hasta que le celebrarán juicio.

Con la detención de Suárez Carreño, se procedió al arresto de Regla y Nieves, dos empleadas que estaban al cuidado de la familia, las acusaron de colaborar en las actividades clandestinas de Ignacio. Siendo Regla trasladada, más tarde, a la cárcel de mujeres en Guanajay.

Pero como Ignacio estaba tan enfermo lo tuvieron que ingresar en el Hospital Naval, donde se encontraba en una sección dedicada a los presos. En el lugar, el patriota cubano trató de ganarse el cariño de los custodios, se dedicó a adoctrinarlos en las ideas cristianas.

Estando en el hospital no lo dejaban comunicarse con su familia ni escribirles. Solamente a sus padres, que todavía vivían en Miramar, les permitían visitarlo de cuando en cuando, tres veces en dicho hospital.

En la tercera operación había un pronóstico malo, se veía morir. En la propia cama del salón del hospital, le hicieron un juicio, pues el régimen comunista sabía que el dirigente católico se iba a morir, le conmutaron la pena de muerte por la de 30 años.

El gobierno de Castro dijo tener pruebas contra el prisionero Suárez Carreño de sus contactos con la Agencia Central de Inteligencia (CIA). El patriota cubano y católico integral sufrió mucho, pero todo lo sobrellevaba con estoicismo, y la alegría de saber que cumplía con su deber hacia Dios y su Patria.

Ignacio permaneció meses en cautiverio. Sus hermanos Manuel y Patricio (cumplió 7 años) y demás familiares padecieron los horrores del Presidio Político del infierno rojo en que se ha convertido la nación cubana.

113

Ignacio Suárez Carreño falleció el día 2 de noviembre de 1968, a la edad de 49 años. Casualmente, la Iglesia Católica conmemora en esta fecha el día de los Fieles Difuntos.

> *«Asesino alevoso, ingrato a Dios y enemigo de los hombres,*
> *es el que, so pretexto de dirigir a las generaciones nuevas,*
> *les enseña un cúmulo aislado y absoluto de doctrinas,*
> *y les predica al oído, antes que la dulce plática de amor,*
> *el evangelio bárbaro del odio».*
>
> José Martí

CAPÍTULO 2

Frente a los regímenes de fuerza: Machado, Batista y Castro

El gobierno de Gerardo Machado

Juan Antonio Rubio Padilla (del Directorio Estudiantil Universitario) y José Ignacio Lasaga y Travieso (del grupo de estudiantes de la Escuela de Belén) que participaron en la lucha contra el gobierno de Machado, ambos dirigentes estudiantiles, posteriormente entran en la Agrupación Católica Universitaria.

Conscientes de que la dictadura es el gobierno que se ejerce al margen de las leyes constitucionales y que se impone contra toda razón y lógica para reelegirse impopularmente y que no se puede destruir por elementos de ideología ajena, como los regímenes de Machado y de Batista y quienes en forma arbitraria violaron los derechos de los ciudadanos del país. Por ejemplo, Machado por su intransigencia de seguir en el poder producto de una reelección arreglada y Batista, quien con el golpe militar instaura un gobierno ilegal la noche del 10 de marzo de 1952 a poco tiempo de celebrarse las elecciones.

Esos gobernantes con sus ambiciones personales tuvieron la mala intención de socavar el estado democrático para mantenerse en el poder por años indefinidos, hicieron pactos y alianzas con el comunismo totalitario.

La verdadera naturaleza de la situación política del Partido Comunista aconteció durante el gobierno de Gerardo Machado y Morales, después de morir asesinado Julio Antonio Mella (en enero 10 de 1929 en México), cuando pactaron con el tirano para frustrar la huelga revolucionaria. Fracasaron en ese empeño y recibieron la primera marca de traición. Se opusieron después al proceso de recuperación democrática del doctor Ramón Grau San Martín, colaboraron más tarde con el régimen de Batista a cambio del control absoluto de los sindicatos, de algunas actas en el Congreso y de centenares de «botellas»[13] en ministerios. En los años finales de los gobiernos constitucionales de Grau y Prío fueron marginados de la actividad política.

El gobierno de Fulgencio Batista y la ideología comunista

De acuerdo con el informe de la publicación *The Miami Herald*, en su editorial de agosto 7 de 1973, «Batista fue comparado con un dictador de la especie del infame Trujillo de la República Dominicana, en crueldad y corrupción». Legalizó el Partido Comunista en 1938, que produjo un aumento considerable de afiliados, subió de 2.800 a 23.300 en menos de un año.

Lo cierto es, que Batista fue captado por el Partido Comunista en 1929, debido a su previa amistad con Julio Antonio Mella a quien admiraba, y en 1930 ya realizaba labores de militante para la causa del socialismo, repartiendo proclamas dentro de los cuarteles. Cuando el primer golpe de Estado, el 4 de septiembre de 1933, Batista se aparta del partido por conveniencias personales. No obstante, no se opuso al comunismo y cooperó siempre económicamente con el partido.

Sin embargo, ya Fulgencio Batista en el poder, en octubre de 1940 reanuda su alianza y simpatía con la técnica del marxismo y establece relaciones diplomáticas con Rusia el 9 de abril de 1943, y al día siguiente, el 10, reconoce la Confederación de Trabajadores de Cuba, entregándola al Partido Comunista. Ocupan posiciones Blas Roca y Juan Marinello.

---

[13] Prebendas salariales

Batista termina su período presidencial el 10 de octubre de 1944. A partir de entonces, surgen los gobiernos auténticos inspirados en los doctores Ramón Grau San Martín y Carlos Prío Socarrás que con sus aciertos y errores hicieron grandes logros en beneficio de la República, desde 1944 a 1948 y 1948 a 1952.

Llega el 10 de marzo de ese año 1952, Fulgencio Batista, quien con el golpe militar instauró un gobierno de facto, creando la idea de un cambio recto y moral, que ocasionó con el tiempo el mito de la revolución. Batista comete la falta de romper el ritmo constitucional por la imposibilidad de ganar el poder a través de las urnas y porque había una amenaza contra su vida por revolucionarios de la época, acción que el presidente depuesto Prío al enterarse, se lo impidió. Ya Batista en el poder de la nación rompe relaciones con Rusia y establece un acercamiento con los Estados Unidos por conveniencias, no por sentimiento democrático y patriótico.

Por ese motivo y razón, la Agrupación Católica Universitaria, como advertencia, repartió un folleto intitulado *Batista, Padre del Comunismo* de Vladimir Álvarez. Quizás la Agrupación Católica Universitaria presintiendo que dentro de poco tiempo Cuba iba a afrontar una situación similar con la llegada al poder de Fidel Castro, pues el dirigente barbudo tenía la misma inclinación totalitaria hacia la filosofía marxista.

El doctor Francisco León Fesser, quien fuera Representante de la organización *Frente Anticomunista de Liberación* (F.A.L) señaló en una oportunidad, que en los archivos del F.B.I. aparece el nombre de Fulgencio Batista (ex-Presidente de Cuba) en una ficha y numeración como miembro del Partido Comunista de Cuba.

La Agrupación Católica Universitaria y su lucha contra el régimen de Batista

Desde muy temprano la ACU y la Iglesia Católica se manifestaron contra el gobierno inconstitucional de Batista, demostrando su inconformidad al respecto. En el año 1955, el sacerdote jesuita René

León Lemus[14], miembro fundador de la ACU, fue expulsado del país de origen (Cuba) por el gobierno que lo acusaba, de estar conspirando contra su política dictatorial.

Los prelados Eduardo Boza Masvidal, Amando Llorente, Jorge Bez Chabebe, Maximiliano Pérez y el obispo Enrique Pérez Serantes, entre otros, se destacaron frente al gobierno de facto. Asimismo, surgieron el doctor José Ignacio Rasco (miembro del Partido de Liberación Radical), Manuel Guillot Castellanos (miembro del Movimiento Nacional Revolucionario), los doctores Juan Antonio Rubio Padilla[15] y José Ignacio Lasaga y Travieso, a través del Partido Revolucionario Cubano (Auténtico) y de la ACU.

A mediado de 1958, se forma la organización, «Legión de Acción Revolucionaria» (L.A.R.) cuyos integrantes en su mayoría procedían de la ACU. Entre ellos se encontraban, Manuel Artime, Emilio Martínez Venegas, Rogelio González Corzo, Carlos Rodríguez Santana, Javier Souto, José Fernández Plana, Elio Mas, Jorge Giraud, Roberto de Varona, Joaquín Suárez Tamayo, Rafael Quintero, Luis Fernández Rocha, José Ignacio Martí Santa Cruz, Javier Calvo Formoso, Ramón Pérez Lima y Julián Martínez Inclán, entre otros, en la lista grande de incorporados a la lucha patriótica.

Etapa insurreccional de miembros de la Agrupación Católica Universitaria

Historia de conspiraciones según relata Juan Renaud, primo de Julián Martínez Inclán que había una célula que era del 26 de julio y el jefe de esa célula era su vecino. Empezaron, ayudando él, Re-

---

[14] El p. René León Lemus entra en la Congregación Mariana de la Agrupación Católica Universitaria el 3 de enero de 1932.

[15] Juan Antonio Rubio Padilla entra en la Congregación Mariana de la Agrupación Católica Universitaria el 15 de marzo de 1931 y José Ignacio Lasaga el 3 de enero de 1932.

naud, Julián y todo el grupo que había, haciendo algún acto, quemando correos, quemando guaguas, haciendo cosas de esa naturaleza. Hasta que el vecino José Ramón Rodríguez López lo detienen y lo matan en ese tiempo de Batista.

Después de eso, ya se quedó desintegrado el grupo del 26 de Julio, y Julián terminó el bachillerato en la escuela Belén y empezó a estudiar en la Universidad de Villanueva. Al cabo de un tiempo de estar Julián estudiando en la mencionada universidad se formó un grupo en contra de Batista, era un grupo que era anticomunista y que luchaba por el bienestar y la democracia en Cuba.

Julián Martínez Inclán era un muchacho muy religioso, de muy buen corazón, practicante a todo extremo. Por su parte, Javier Calvo Formoso hace contacto con el Directorio Revolucionario. Participa con la organización del 26 de Julio en un tiempo.

Cuando los sucesos de la huelga del 9 de abril de 1958, Javier hablaba con su hermano Ricardo y le dice que la huelga está saboteada por elementos comunistas. El 23 de diciembre del mismo año, 1958, se efectúa una reunión en la casa de Javier Calvo. Asisten Ramón Pérez Lima, Manuel Artime, Pachucho el cojo (conocido por «el senador». Su nombre es Joaquín Suárez Tamayo) y dos personas más cuyos nombres se desconocen.

25 de diciembre. Otra reunión en la casa de Javier Calvo. Al igual que la anterior, se desconoce el asunto tratado. El 26 de diciembre Javier Calvo sale de su casa entre las dos y las tres de la tarde. Su hermano Ricardo lo despidió desde la terraza de la casa. Javier se llevó el carro del padre. En ese momento, Javier llevaba el pasaporte de Elio Más con la intención de devolvérselo. Dicho pasaporte llevaba seis meses en casa de la familia Calvo. Elio Más estaba, al parecer, en trajines conspirativos y conocía los pormenores de las actividades que preparaba el grupo de revolucionarios.

La Legión de Acción Revolucionaria fue fundada por el grupo de la ACU con la intención de llevar a cabo acciones de tipo armado en la contienda por la libertad de la patria de Martí. Lleva un ideario social cristiano con adelantos progresistas dentro del marco de la Constitución de 1940. La Legión de Acción Revolucionaria tuvo una labor de vanguardia en la organización de la huelga estudiantil de la Universidad de Villanueva del año 1958. Mongo Pérez Lima y Emilio Martínez Venegas sostuvieron reuniones con dirigentes del 26 de Julio y del Directorio para tratar la acción de la huelga general que se preparaba para el abril 9 del mismo año 1958 con la intención de causar impacto en oposición al régimen de Batista.

Ayuda bélica para el tercer frente guerrillero en Pinal de Río

La misión de llevar armas a Cuba. Un automóvil MG+D del año 1953, propiedad de Luis Rodríguez, se utilizó para la infiltración de cuatro carabinas Winchester, 94 calibre 30-30 y una pistola Colt 45. Se preparó un compartimiento de difícil detección y se realizó el viaje a fines de agosto de 1958 en el ferry que hacía travesías semanalmente entre La Habana y Cayo Hueso. Las armas fueron compradas en Orlando, Florida. El carro se embarcó el 3 de septiembre de 1958 y la operación logró su objetivo, al pasar las armas escondidas en ese auto deportivo inglés. Ese coche conocido antes como «la cuña» fue uno de los utilizados en el fatal viaje a la provincia pinareña. La labor fue realizada por Fernández Planas exitosamente. Coincidiendo que había comenzado la excavación de una zanja cubierta de unos 20 metros de largo para para practicar el manejo de armas. Cada sábado un grupo dirigido por Manuel Artime se trasladaba a una finca en las afueras de La Habana con el fin de trabajar en la excavación y recibir orientaciones del propio líder.

De acuerdo a Ricardo Calvo, hermano de Javier, él vio en los años 1959-1960, fotos que la madre de Ramón Pérez Lima (Dolores Lima), le mostró de cuando su hijo estaba en prácticas de tiro con distintas armas.

Había una casa de huéspedes en la Habana, que le decían «La Embajada» cercana de la Agrupación Católica Universitaria donde candidatos esperaban ser aceptados como congregantes de la organización mariana, como Arturo Mugarra, que en algunas ocasiones habló con Manuel Sábalo sobre la ayuda que podrían ofrecer a los jóvenes católicos en las acciones patrióticas.

En Oriente había mucha atención y agitación política. Este frente guerrillero se sumaría a los de la Sierra Maestra en Oriente y al del Escambray en las Villas con el fin de neutralizar la fuerza rebelde de Fidel Castro que, al parecer estaba penetrada por la influencia del marxismo, que ocultaba su ideología, que más tarde se expuso públicamente la traición al pueblo de Cuba.

Un drama conmovedor ante un crimen desgarrador

Llega el 26 de diciembre, a las 11 de la noche, parte el grupo de la ACU en dos automóviles, propiedad del padre de Javier y de Luis Rodríguez. En la cuña (carro deportivo) irían Mongo Pérez Lima como chófer y Manuel Sábalo y en el otro carro irían Javier Calvo, Martínez Inclán y Martí Santa Cruz, con la fe puesta en Dios y la esperanza de la redención de la patria. El objetivo del viaje era la finca «Las Mil Cumbres», cercana al término conocido por «Las Mulatas». Javier Calvo y José I. Martí llevaban la misión de dejar a los otros compañeros y regresar a la ACU al siguiente día por la madrugada. Ramón Pérez Lima, Julián Martínez Inclán y el capitán Manuel Sábalo se quedarían en Las Mil Cumbres para entrevistarse con los enlaces de los rebeldes, que operaban en la Sierra de los Órganos y coordinan la entrega a ellos de armas, medicinas y alimentos. Pero fueron apresados, torturados el día 27 de diciembre, ahorcados y después sus cuerpos trucidados en la madrugada del 28, festividad de Los Santos Inocentes.

Dos versiones sobre el arresto de los cuatro jóvenes de la Agrupación Católica Universitaria (ACU)

La primera versión es que fueron interceptados en la carretera en dirección a Pinar del Río y la otra es que se hicieron sospechosos a las fuerzas del Ejército Nacional por algún motivo cerca de Bahía Honda, y el capitán Leovigildo Iturriaga del escuadrón de la Guardia Rural del mismo sitio le comunica al coronel jefe del regimiento «Juan Rius Rivera» del arresto de cuatro jóvenes estudiantes y un guía. El oficial militar le ordenó se los entregara al teniente Valerio Dupeyrón y él los llevó al cuartel de las Pozas.

En ese lugar los estudiantes católicos y el acompañante fueron interrogados por el capitán Iturriaga. El informe recogido fue que ellos dijeron que venían de paseo a ver bellezas del lugar, como el valle de Viñales y una famosa cueva, pero las autoridades no les creyeron. Registraron el automóvil y los toman por revolucionarios prominentes.

En ese tiempo de la lucha clandestina, José Fernández Planas estaba elaborando la introducción de un nuevo cargamento de armas desde los Estados Unidos. Pero ésta se malogra por la sospecha y arresto de los agrupados, Javier Calvo Formoso y José I. Martí Santa Cruz, que se habían ofrecido para transportarlo a su destino. El cometido del capitán Manuel Sábalo era servir de guía y organizar con los miembros de la ACU la resistencia en la zona occidental de la isla. Más tarde, ya internados los jóvenes católicos en la contienda libertadora en la región pinareña, Fernández Planas dirigente de la L.A.R. trata de comunicarse con ellos. Pero al no lograrlo decide esperar unas horas. Para el mediodía del 27 de diciembre, Planas visita el local de la ACU y nota la ausencia de los jóvenes que se suponía hubiesen regresado del viaje a Pinar del Río la noche anterior. Con precaución del asunto, Fernández Planas le comunica al padre Llorente los detalles de la operación e intenciones del viaje, apuntando que los autos y los compañeros no habían retornado. En ese instante, José Fernández Planas se refugia en la escuela religiosa Belén hasta la mañana del 1ro de enero de 1959, en que el gobernante Batista huye del país hacia el extranjero.

Después de la entrevista del padre Llorente con Fidel Castro en la Sierra Maestra en los días comprendidos del 12 al 15 de diciembre de 1958, se dirige Emilio Martínez Venegas con la ayuda del ingeniero Julio Bordas, con el propósito de incorporarlos a las fuerzas rebeldes que operaban en las montañas de Oriente. Asimismo, sube al mismo lugar el sacerdote jesuita Cipriano Cavero, a cargo de la dirección espiritual, ya que fue una petición del padre Amando Llorente en conversación con el abogado Humberto Sorí Marín.

El sacerdote Llorente se comprometió con la lucha revolucionaria en llevar a dos hombres cada mes para ayudar a la insurrección frente al gobierno dictatorial de Batista. En La Habana se encontraban Carlos Rodríguez Santana, Rogelio González Corzo, Humberto Alvira, Carlos Hernández, Enrique Villarreal, Rafael Rivas Vázquez, Juan A. Muller, Joaquín Colado y Roberto de Varona, entre otros, en espera de un alzamiento en Pinar de Río, para unirse los cuatro agrupados que se internaron en la región occidental anteriormente con el ideal de hacer grande el Tercer Frente Guerrillero.

Su primera actividad fue la excavación de un túnel de unos 20 metros de largo en una finca de las afueras de La Habana para el manejo de las armas y la práctica de tiro los fines de semana, así como las gestiones para la adquisición de las armas necesarias para la acción bélica. En el desarrollo de las actividades, Manolín Guillot se disponía a alzarse en la Sierra Maestra para unirse a Manuel Artime y a Martínez Venegas. Ramón Pérez Lima le decía a Martí Santa Cruz que había una operación en tierra pinareña e inmediatamente se dirige a Fernández Planas y le dice que él quería ir, manifestándole que se quedara ya que su novia estaba en La Habana. Posteriormente, Martí Santa Cruz le señala a Fernández Planas que él quiere conducir el carro deportivo. A lo que Planas acepta el ofrecimiento considerando la seguridad física de la persona, que venía de Santiago de Cuba, pues la familia le aconsejó que se fuera para la capital para salvarlo del peligro de que fuera detenido por las fuerzas represivas del gobierno.

Los estudiantes de la ACU fueron cruelmente torturados el día 27. Según el sargento «Piel Canela», señala que en la madrugada del sacrificio de los jóvenes, un zumbido, o ruido silencioso se escuchó en la celda, impresionado sobremanera cuando sintió el rezo el rosario.

Al día siguiente 28, Dupeyrón que era el jefe de la compañía de operaciones, los llevó al cuartel «La Mulata» que mandaba el sargento Rodríguez, donde a las cinco de la madrugada tras cruentas y horribles torturas fueron ahorcados y ultimados a tiros por varios militares del gobierno a la falda del Pan de Guajaibón. Guajaibón era el predio de San Juan de Saguas, donde los remataron en una fosa cavada a propósito.

A la caída del gobierno de Batista se procedió en los primeros días de enero a localizar los cadáveres de los cuatro miembros de la ACU.

El testimonio del padre Amando Llorente SJ

Después de una semana del suceso, el padre Llorente SJ se entera de la noticia del hecho, gracias a una persona de la provincia de Pinar del Río, amiga de la familia de uno de los cuatro jóvenes, que tuvo noticia del destino de los agrupados o víctimas.

Fue en una cantina de Bahía Honda, uno de los asesinos, un soldado de mala condición conocido por «Piel Canela», impulsado por el alcohol comenzó a hablar entre varias personas que se hallaban en ese lugar, que él había tomado parte en la detención de cuatro jóvenes de La Habana que se dirigían a esta provincia (Pinar del Río). Además, los guajiros de la zona, que vieron a los sicarios de la dictadura, enterrar a los estudiantes católicos y al guía, se callaron y guardaron silencio, hasta que llegó el tiempo indicado con la caída del gobierno militar, y aquellos hombres del campo revelaron lo sucedido. Se hizo una investigación exhaustiva del monstruoso crimen, y se descubrió el hallazgo de los muertos. Por otra parte, el sacerdote jesuita Llorente vio al soldado-chófer, que transportaba los cadáveres a la fosa común, al pie de Guajaibón y habló, identificando a difuntos.

En busca de los cadáveres lo acompañaron en esta difícil tarea de cuatro días, el sacerdote Felipe Arroyo, Modesto Alonso, Rafael Quintero y José A. Ramy entre otros.

Únicamente se podría llegar al lugar donde se encontraban los cadáveres por medio de una carreta. Con todo el detalle, se procedió con los guajiros de la zona, a cavar el terreno, aparecieron los primeros restos, uno a uno, los cadáveres, casi insepultos, tirados unos cuerpos sobre los otros y apenas cubiertos por cuatro pulgadas de tierra, la mano de uno de los agrupados había quedado al descubierto y una aura tiñosa que volaba sobre el sitio sirvió de brújula. Aunque los cuerpos estaban mutilados, se pudieron identificar.

Fueron torturados salvajemente, recibiendo culatazos que le produjeron mucho daño y esto se hizo para que hablaran de los planes revolucionarios a realizar. Antes de morir, los cuatro jóvenes de la ACU perdonaron a sus criminales verdugos y culpables. La muerte de los cuatro agrupados fue un acto patriótico y cristiano, de martirio por la fe. Fue una inmolación fecunda. Soñaron con una patria libre de tiranía y de golpe de Estado ni tampoco alianza con la esclavitud socialista.

El otro testimonio, es de los familiares de los mártires

Después del triunfo de la revolución que fue el 1 de enero de 1959, nadie sabía de los cuatro miembros de la ACU. De acuerdo con la familia de Martínez Inclán, se decía que si estaban alzados en Pinar del Río, que los habían visto en no sé qué lado y que no sé cuándo, pero bueno, no se tenía noticias de ellos. El día 6 de enero ya viendo que ellos no daban señales de vida, de nada, la familia decidió salir a buscarlos, porque no se sabía si estaban con los alzados, si estaban presos, no se sabía nada de ellos. Un grupo de la familia fue un carro por la carretera central. La intención era buscar a ver dónde estaban, ya se suponía que estuvieran muertos, porque no se había sabido de ellos en todos esos días. Empezaron a buscar. Fueron a la parte que el primo de Julián, Juan Renaud conoce, que fue con su padre y un tío en el carro. Cada vez que había un soldado de Batista, que decía «hay unos muertos aquí», allá iban a ver si estaban ellos, pero no estaban. Fueron a diferentes lugares donde había varia gente enterrada, no aparecían, no se sabía si eran o no eran ellos, no se les podía encontrar. Fueron a diferentes lugares a ver muertos y gente enterrada. No los pudieron encontrar. La familia Martínez Inclán estaba en un puesto rural de esos del ejército esperando a ver si algo pasaba, venía alguien, avisaban algo. Como a las seis pasado meridiano ya estaba oscureciendo. Vino un campesino dijo que él había visto unas auras tiñosas, y que al acercarse, vio una mano saliendo desde la tierra. Dijo la familia, «Bueno, vamos a ver, vamos a ver si son ellos», porque no los habían encontrado. Efectivamente fueron por allá ya casi oscureciendo. Hubo que llevar linternas y faroles para poder pasar, porque era cerca del Pan de Guajaibón y aquello era un monte.

Efectivamente, cuando la familia Martínez Inclán llegó, se vio la mano de uno afuera que ya se la habían comido las auras tiñosas, los animales o lo que fuera. Empezaron a desenterrar aquellos muertos que estaban ahí que no sabían quiénes eran todavía. De acuerdo con Juan Renaud, la familia había reconocido a Julián Martínez Inclán porque él había sido operado de las rodillas y tenía las cicatrices en las dos rodillas, los meniscos se los habían quitado y tenía las cicatrices allí, por esa razón y además porque desde, el 28 de diciembre hasta el principio de enero ya estaban los cuerpos un poco hinchados, deformados y en esa forma se pudo localizar.

En un hueco había tres. Parece que el hueco era muy pequeño y a Julián, que era el que tenía la mano afuera, no pudieron enterrarlo completamente y por eso la mano le quedó afuera y las auras tiñosas se la comieron. En el otro hueco había dos enterrados, completando los cinco muchachos. A esa hora ya supo la familia que estaban muertos y enterrados allí.

Cuando se bajó al pueblo más cercano, que era Las Pozas, la familia se sorprendió porque encontraron un carro funerario que había sido mandado por la universidad, por la Agrupación Católica Universitaria. En ese momento había mucha tristeza y consternación.

Otra versión del hecho. La policía estaba vigilando los carros de los cinco jóvenes. Al ver los primeros que pasaron en el primer carro que el otro carro no llegaba, regresaron a ver qué pasaba y ahí fue donde los cogieron a todos. A los cinco los cogieron, porque cogieron el carro que estaba fichado, que era el que iba atrás. Un carro deportivo, muy ruidoso, muy escandaloso, convertible, que parece que anteriormente habían traído armas en ese carro y que había sido fichado por la policía de entonces. En el viaje en que iban Juan Renaud con su padre Gastón y un tío, que era por parte de la madre. Por la carretera central iba el padre de Julito, Julián Martínez Inclán y otro tío de Juan Renaud que era Manolo Inclán que iba con él. Ellos dos por una parte y Juan Renaud (los tres) por otro lugar, por el circuito norte.

En otro sitio, en los días 7 y 8 de enero, en un campamento militar, ocupado por el Ejército Rebelde se entrevistó, en Las Pozas, a soldados del régimen depuesto, confesaron que los jóvenes de la ACU y el guía fueron torturados y los habían enterrados en un lugar del Pan de Guajaibón.

El padre de Javier Calvo fue con su hermano Antonio con el mismo fin de encontrar a su familia. El cuerpo de Julián Martínez Inclán, estaba muy descompuesto por la humedad. Javier fue identificado en la profundidad del lugar porque se encontraba muy abajo. Los rostros de los mártires estaban desfigurados. Fueron amarrados con soga y José I. Martí apareció con la soga en la muñeca suelta. Indefensos y desprovisto de armas.

Angelina Inclán, la madre de Julián no dejaba nunca a su hijo salir a ningún lado solo, en la Habana siempre iba con él a cualquier lado que fuera, a estudiar y a todo, donde quiera lo llevaba. Lo dejó irse con ese grupo, se suponía que ellos salieran el 25 y después regresaran el día 31 para el Año Nuevo. Ellos se fueron y no se supo más de ellos, cuando triunfa la revolución que fue el 1 de enero, nadie sabía de ellos. Se decía que si estaban alzados en Pinar del Río, que los habían visto en no sé qué lado y que no sé cuánto, pero bueno, no sé tenía noticias de ellos.

La misma señora Inclán, que no sabía nada de lo que estaba ocurriendo con su hijo y sus compañeros, en el sitio de Guajaibón, le dejó el traje, los zapatos y toda la ropa que se iba a poner en la cama, en espera de su llegada en la víspera de esperar el Año Nuevo.

Después que la madre de July se enteró de la infausta noticia, se dejó puesto el vestido negro, como señal de luto hasta que falleció en la ciudad de Miami.

Cuando Juan Renaud y familiares bajaron al pueblo más cercano, que era Las Pozas, se sorprendieron porque vieron o encontraron un carro funerario que había sido enviado o mandado por la Agrupación Católica Universitaria para recoger a los fallecidos trágicamente. Después salió el director de la organización mariana en los periódicos locales, hablando del sacrificio final de los mártires de Guajaibón y de la Universidad Católica de Santo Tomás de Villanueva.

La funeraria Caballero le garantizó a Ricardo Calvo, padre del mártir, que todos los fallecidos serían trasladados a La Habana, para celebrar el sepelio en conjunto.

El día 28 de diciembre, en la residencia de la Agrupación se aparecieron la gente de Ventura, golpearon la puerta, entraron, brincaron por la cerca por otro lado. Entraron con armas, con ametralladoras, entraban en el edificio y todo aquello. Llegaron hasta la residencia nueva de la Agrupación, que quedaba en el tercer piso, arriba de la biblioteca. Dice Salvador Subirá, en ese momento, alguien lo despertó y le dijo, «ahí está la gente de Ventura». Casualmente, ese mismo día fueron ejecutados los cuatro hombres jóvenes en Guajaibón. Pero, gracias a la intervención del político y escritor Antonio Alonso Ávila y su gestión a favor de la ACU todo se resolvió y volvió a la normalidad.

El carro de los mártires fue robado por las hordas castro-comunistas.

Triste sepelio y doloroso entierro

Exhumados y sepultados, al regreso de la Habana, el día 6 de enero de 1959, de los familiares de Martínez Inclán, los cadáveres fueron puestos dentro de grandes bolsas plásticas en camiones. Los gastos funerales fueron cubiertos por la propia funeraria Caballero y los difuntos fueron conducidos al local de la ACU de San Miguel 1111. El día 10 de enero, se hizo un velorio y ofrecieron misa de cuerpo presente oficiada por el excelentísimo señor Nuncio de su santidad Monseñor Luis Centoz, el consiliario de la ACU, reverendo padre Francisco Barbeito y el director de esa institución y congregación-mariana, que tantos héroes dio al movimiento revolucionario, reverendo padre Amando Llorente SJ.

El cortejo fúnebre partió de la ACU rumbo al cementerio Colón por la calle 23. Despidieron el duelo en nombre de la familia y de la ACU, respectivamente, el doctor Manuel Artime, agrupado y combatiente de la Sierra Maestra y el padre Llorente. Artime dijo que esos compañeros suyos habían cumplido con el ideal de la Agrupación Católica Universitaria *esto vir* (sé hombre) inmolando sus vidas por la libertad de su patria. A continuación habló el decano de la Facultad de Ingeniería de la Universidad de Villanueva, ingeniero Manuel Suárez Carreño. Hizo el resumen el director de la ACU, R.P. Llorente, quien dijo que se había tendido sobre Cuba un arco que partiendo de la Sierra Maestra termina en el Pan de Guajaibón. Terminó diciendo que los cuatro jóvenes seguramente están en el cielo, ya que año tras año y día tras día comulgaban y laboraban el fecundo apostolado de extender más y más el Reino de Cristo en nuestra patria. El p. Llorente aspiraba con la ACU a levantar en ese lugar de Guajaibón donde cayeron los cuatro congregantes una capilla que sirviera de lugar de peregrinación como homenaje a su martirologio. También, la Universidad Católica de Villanueva pensó erigir un busto en recordación a los miembros de la ACU, muertos en cumplimiento de sus deberes patrióticos y cristianos. También, hizo uso de la palabra, el ingeniero y profesor universitario, Manuel Suárez Carreño quien dijo que «Dios ha querido unir la ACU con la Universidad de Villanueva con la sangre de los mártires de Guajaibón».

Asistieron alrededor de 2.000 personas al entierro en el Cementerio Colón, asimismo, la Universidad de Villanueva rindió un emotivo homenaje a quienes fueron estudiantes de ese plantel. Se erigieron tarjas a los caídos, en ofrenda de la patria cubana, en el Colegio de Belén y en el Pan de Guajaibón.

El cadáver de Manuel Sábalo fue llevado en un avión militar a Camagüey, su provincia natal, donde recibió cristiana sepultura.

En un programa televisado a comienzos de 1959 el doctor José Miró Cardona exhibió la parte genital del cuerpo humano de una víctima de los jóvenes católicos para demostrar el crimen tan horrendo cometido por los sicarios de la tiranía.

LA UNIVERSIDAD CATOLICA DE VILLANUEVA

FRANCISCO JAVIER CALVO FORMOSO
JOSE IGNACIO MARTI SANTA CRUZ
JULIAN MARTINEZ INCLAN
RAMON PEREZ LIMA
(REQUIESCANT IN PACE)

Alumnos de nuestra Universidad que fueron inmolados el día 27 de Diciembre en el cuartel de Las Pozas en Pinar del Río.

La Comunidad de los Padres Agustinos invita por este medio a la Misa Solemne de Réquiem que será ofrecida por el eterno descanso de sus almas, en la Capilla de la Universidad Católica, el lunes 12 de enero a las 9 de la mañana.

R. P. Denis Kavanagh, O. S. A.
SUPERIOR.

(La fecha de esta Misa sustituye a la citada anteriormente).

LA UNIVERSIDAD CATOLICA DE VILLANUEVA

FRANCISCO JAVIER CALVO FORMOSO
JOSE IGNACIO MARTI SANTA CRUZ
JULIAN MARTINEZ INCLAN
RAMON PEREZ LIMA
(REQUIESCANT IN PACE)

Alumnos de nuestra Universidad que fueron inmolados el día 27 de Diciembre en el cuartel de Las Pozas, en Pinar del Río.

Por este medio, se invita al Claustro de profesores, alumnos y empleados de la Universidad, así como a los padres, familiares y amigos, para asistir a la Misa Solemne de Réquiem que oficiará el R. P. Rector en la Capilla de la Universidad Católica, por el eterno descanso de sus almas, el lunes 12 de enero a las 9 de la mañana.

M. R. P. John J. Kelly, O. S. A.
Rector.

Dr. Leopoldo Barroso,
Director de Psicología.

Ing. Manuel Suárez Carreño,
Decano de Ingeniería.

Sr. Evelio Pérez,
Presidente, Acción Católica.

(La fecha de esta Misa sustituye a la citada anteriormente).

Los cuerpos de los mártires son acompañados al Cementerio de Colón

Manuel Artime evocando el recuerdo de los mártires

Los mártires de Guajaibón

«...Astros nuevos, de luz esplenderosa y radiante: estos son los Mártires de la Fe. Para ser Mártir con mayúscula, hay que ser héroe y hay que ser santo... Si el heroísmo de estos cinco Mártires estuvo lleno de juvenil imprudencia, su virtud estaba llena de Cristo. ¡Fueron ejemplo hasta para sus asesinos!».   P. Amando Llorente SJ

Solemne misa en recordación de los mártires de la Agrupación Católica Universitaria

El juicio de los culpables

Los testimonios presentados por los ex-militares Valeriano Dupeyrón y «Piel Canela» cuando fueron detenidos se descubrió que cuando asesinaron a los jóvenes estudiantes estaban indefensos y desprovistos de armas. Atormentados ya sus cuerpos por los golpes que recibieron al llegar al cuartel, algunos de los jóvenes fueron castrados.

La muerte trágica y brutal de los congregantes y del guía militar fue un acto de martirio por la fe. Fue un sacrificio excepcional. Los implicados en el crimen fueron juzgados y condenados a muerte por un tribunal militar en los inicios de 1959.

El juramento de fidelidad de la Agrupación Católica Universitaria en memoria de los cuatro mártires al pie de Guajaibón y en la Catedral de La Habana en enero de 1959

En ese acto de recordación y de obligación se hizo un compromiso de mantener y luchar por los ideales patrióticos y cristianos por los que murieron Javier Calvo Formoso, José Ignacio Martí Santa Cruz, Julián Martínez Inclán y Ramón Pérez Lima. En la concurrencia se encontraban: Emilio Martínez Venegas, Manuel Artime.

Lista de nombres de los que hicieron acto de presencia en los funerales de los mártires de la ACU del 10 de enero de 1959

1- Modesto Alonso
2- Humberto Alvira
3- Manuel Artime
4- Jorge Echarte
5- Juan Falcón
6- José Fernández Planas
7- Antonio García Crews
8- Rogelio González Corzo
9- Manuel Guillot
10- Jorge Gutiérrez Izaguirre
11- José Manuel Hernández
12- Francisco René de la Huerta
13- Evelio Ley
14- Alberto C. López
15- Emilio Martínez Venegas
16- Alberto Muller
17- Joaquín Pérez Rodríguez
18- Jesús Permuy
19- Rafael Quintero
20- José Antonio Ramy
21- Rafael Rivas Vázquez
22- Carlos Rodríguez Santana
23- Juan Manuel Salvat
24- Javier Souto
25- Joaquín Suárez Tamayo
y muchos más

Es decir, toda la Agrupación Católica Universitaria junto al pueblo se congregó en el lugar

Penetración Comunista en la Sierra Maestra y el arribo al poder de Fidel Castro

Fidel Castro, decepcionado por la imposibilidad de ganar el poder a través de las urnas, escogió cono la única forma de lucha, el alzamiento y el hostigamiento violento por medio del terror y de la bomba indiscriminada y de los atentados personales, culminando en el ataque al cuartel Moncada y al de Bayamo.

Fidel Castro caminó a la Sierra Maestra en Diciembre de 1956, después de habérsele ocupado propagandas marxistas cuando estaba preso a mediados del 1952, y de haber sostenido una entrevista secreta con un alto funcionario ruso en New York en sus días de exilio en tiempo del gobierno de Batista.

Castro como lector de libros comunistas, se sabía de memoria la obra de Lenin, *¿Qué hacer?* Cumpliendo órdenes del Partido Comunista acepta a los militantes debido a la falta de seguridad que cundía en el ánimo que no le quedaron otro remedio, que huir de las ciudades por el peligro que reinaba, fueron a buscar refugio allá en Oriente. Los que habían recibido la propaganda socialista eran enviados por el Partido Comunista con instrucciones de la USSR y recibían entrenamientos de táctica moderna de guerrilla.

La huelga de abril de 1958 fue abortada por elementos izquierdistas. Como consecuencia en mayo subieron los primeros dirigentes marxistas hacia las montañas orientales, que respondían a la dirección del Partido. Luego, se sumaron Rubén Roca y Osvaldo Sánchez, con la misión de organizar los cuadros de un régimen socialista, con el permiso y el consentimiento de Fidel Castro.

Para llegar al poder, se engañaba, se disimulaba, se mentía. No se impartía enseñanza comunista sino de forma indirecta. Se decía que se luchaba por fines patrióticos contra un régimen militar que había pisoteado la Constitución de la República, que había violado los derechos humanos y la libertad.

En algunos lugares de las montañas orientales, se daban lecciones cristianas, aunque llevados contra la voluntad de la alta dirigencia de la revolución que no se atrevían a romper esa labor espiritual por temor a que fuera descubierto el plan rojo y perder el apoyo de la Iglesia, ya que era conveniente en ese momento para llegar al poder.

Como actúan los comunistas

Cuando llega Carlos Rafael Rodríguez a la Sierra Maestra en julio de 1958, el doctor Humberto Sorí Marín le pregunta a Fidel Castro, «¿Qué hace este hombre aquí?». A lo que Fidel Castro le responde, ocultando la intención, «Aquí no se le pregunta a nadie a qué bando pertenece. Solamente la idea de pelear contra la dictadura de Batista es suficiente». A partir de entonces, creció con más auge la sospecha en Sorí Marín que había un complot de la Internacional Socialista en esta contienda.

El rumbo rojo del ejército rebelde sembró el descontento entre los hombres que no eran fieles seguidores de Castro pero que no tuvieron el cuidado adecuado de investigar a fondo la empresa que habían realizado los elementos izquierdistas desde los días de la Sierra Maestra. En la práctica resultó todo lo contrario a lo que se decía. Un ejército fue sustituido por otro, el de los rebeldes.

Por ese motivo, Aníbal Escalante, organizador del Partido Comunista, señala que el Partido jugó su papel con honra, que centenares de comunistas se hicieron eco del llamamiento del Partido y pasaron a las filas rebeldes que organizaron destacamentos de combate en varias provincias, que entre los combatientes de la misma militancia tuvo el mando rebelde firmes, fieles y disciplinados soldados, que las organizaciones de la ayuda a los rebeldes, que la histórica invasión realizada por los inmortales combatientes de Che Guevara y Camilo Cienfuegos halló a su paso por Camagüey y a su entrada a Las Villas el decidido sostén del Partido que entre los comités socialistas y comités locales, llegado el caso como cuando la ofensiva enemiga en Las Villas los hubo que se distinguieron por su labor de sabotaje a las vías de comunicaciones y por su acción por negar tranquilidad al enemigo.

Fidel Castro señaló por su parte, en la alianza con los comunistas, «todo el mundo recuerda aquellos días iniciales. No estaba el poder en manos enteramente revolucionarias».

1. A Castro le ocuparon propagandas subversivas del comunismo en la cárcel y en el juicio seguido contra su persona.
2. Según el investigador Salvador Díaz Versón, Castro era comunista desde el año 1943.
3. A mediados de 1958, llega a costas cubanas un submarino soviético con cargamentos de propagandas marxistas. En los primeros días de 1959, uno de los primeros en llegar a Cuba fue Fabio Grobart cuyo verdadero nombre era Aaron Sinkovich. Era el hombre de Moscú en La Habana. Le sigue Lázaro Peña, dirigente comunista del movimiento obrero durante el primer gobierno de Batista, regresó de Praga vía México, y Ramón Calcines, líder juvenil comunista, llegó de uno de los viajes a los países del bloque soviético. Su primera labor fue infiltrar en el ejército rebelde y en los sindicatos obreros y preparar el terreno para apoderarse de la prensa, la radio, la televisión y todos los medios de producción para llegar al control absoluto de todo.

El arribo al poder de Fidel Castro y la sombra del comunismo

Llega el 1 de enero de 1959. Tras la caída del gobierno de Batista, asume Fidel Castro el poder en Cuba y proclama a Santiago de Cuba capital de la República. Nombra al Coronel Rego Rubido jefe del Ejército Revolucionario. Se nombra presidente de Cuba al doctor Manuel Urrutia y éste nombra a Fidel Castro Comandante en Jefe de las Fuerzas de Aire, Mar y Tierra de la República de Cuba destituyendo al gobernante Fulgencio Batista, su consejo de Ministros y al Congreso.

Fidel Castro comienza su marcha y llega a La Habana. Se dio comienzo a los fusilamientos de militares del gobierno depuesto y a la celebración del juicio de los aviadores para crear el terror en toda la isla. Con ese método, cierran toda posibilidad de rebeldía en el pueblo y aprovechan la oportunidad, mediante el engaño y la mentira implantan la dictadura comunista. En el juicio a los pilotos, Fidel Castro ordenó enjuiciar a los militares otra vez, condenándolos a largo cautiverio.

Se calcula que desde enero hasta marzo de 1959 fueron fusilados más de 500 cubanos. Muy a pesar de que el propio Fidel Castro prometió a las madres cubanas no matar a nadie.

La Constitución de 1940 fue reformada para delegar todos los poderes en el Consejo de Ministros. Fidel Castro reitera públicamente en el campamento del Columbia su promesa de celebrar elecciones en un plazo de 18 meses. Pero no lo hizo. Rechazó la idea.

Se prohíben las misas en los cuarteles y la colocación de crucifijos en los hospitales del Estado. Pedro Luis Díaz Lanz, jefe de la fuerza aérea había suspendido las clases de comunismo en el sector aéreo, renuncia y abandona la isla. Se crea un ejército político para vigilar y aplastar cualquier levantamiento popular y en mayo de 1959 se crean las milicias en los distintos sectores de la nación. En el mismo mes, Fidel Castro reforma la enseñanza de acuerdo con las orientaciones de la revolución, o sea el marxismo.

En junio se dicta la Ley de Naturalización de la Enseñanza adjudicando al Estado todo el control de la escuela privada. Toda idea expuesta es la obra del comunismo. El día 7 de julio, Castro dicta una ley que condena por contrarrevolucionario a todo el que combata al Partido Comunista o discrepe del gobierno. A pesar que el 8 de mayo de 1959 Fidel Castro, en un viaje a Brasil, aseguró que él no era comunista. En febrero de 1960, Anastas Mikoyan, comisario político ruso, llega a Cuba para establecer lazos comerciales entre ambos países y situar un régimen comunista en el poder de Cuba como modelo político con la ayuda de la que fuera la Unión de Repúblicas Socialistas Soviéticas. Firman el establecimiento de una estrella en la órbita soviética. Confirma Fidel Castro su ideal político, cuando se manifiesta, el 2 de diciembre de 1961, que «él era marxista-leninista y lo seguiría siendo hasta el último día de su vida».

Protagonistas del drama en la Sierra Maestra que descubrieron la influencia comunista de Fidel Castro

P. Amando Llorente SJ

Dr. Manuel Artime

P. Cipriano Cavero SJ

Emilio Martínez Venegas

CAPÍTULO 3

Resistencia cubana

¿Por qué se organiza la resistencia contra Fidel Castro?

El padre Amando Llorente SJ recibió una orden de la iglesia de ir a la Sierra Maestra porque el Vaticano tenía sospecha que se trataba de un grupo de izquierdistas con intenciones de implantar un socialismo en Cuba un día no muy lejano.

Después que el sacerdote jesuita se entrevistó con Fidel Castro en la zona montañosa de Oriente y al preguntarle que si él era comunista, notó enseguida que no era confiable. Posteriormente, al salir del lugar, el p. Llorente se alertó ante la grave situación que estaba observando y tuvo una conversación sobre el tema con el abogado y oficial del Ejército Rebelde Humberto Sorí Marín. A partir de entonces se reconoció la alianza de Fidel Castro con elementos comunistas a fines de 1958 y un grupo de miembros de la Agrupación Católica Universitaria decidió infiltrarse en las filas del ejército rebelde en la Sierra Maestra para tratar de influir en el mantenimiento de la democracia. Entre ellos, se encontraban los doctores Manuel Artime Buesa y Emilio Martínez Venegas y el padre Cipriano Cavero que se unió al esfuerzo. Todos respondieron a la cita con la patria.

Antes del triunfo de la Revolución, a finales de diciembre de 1958, el padre Llorente, en una reunión con familiares de mártires cubanos le dijo «que lo que venía para Cuba era el comunismo».

Al bajar Manuel Artime de la Sierra Maestra, el 8 de enero de 1959, fue a recibirlo un grupo de estudiantes de la Agrupación Católica Universitaria y él le dijo: «no se pongan tan contentos porque lo que nos viene ahora es peor que lo que teníamos antes». Entre los agrupados se encontraban Manuel Barba y Danilo Gudz. Rogelio González Corzo, en una reunión, en un parque de Sancti Spíritus, el 28 de enero de 1959, comenzó a despertar conciencias, y alertar al pueblo del peligro comunista que venía para Cuba. Pues él comprendió y conoció el comunismo porque sus padres eran españoles, que habían vivido de cerca los horrores de la ideología totalitaria. El propio Rogelio González Corzo y su amigo Humberto Sorí Marín, Ministro de Agricultura, organizaron los llamados Comandes Rurales que fueron a la Sierra Maestra y otros lugares aislados a convivir con los campesinos y enseñarles técnicas de cultivo y cómo mejorar su salubridad y medios de vida.

Después que Manuel Artime asistiera a una reunión con el gobierno por motivo de la Reforma Agraria y vio lo que acontecía, que era el comunismo que estaba acechando a la isla antillana. Terminada la sesión Artime se fue a ver al Padre Llorente y le relató todo lo que vio y escuchó en boca de la plana mayor, que se declaró a favor de un régimen de corte marxista, demostrado en todas sus exposiciones.

Descubierto «que las barbas de Fidel ocultaban un rostro rojo», como decía el aviador Rafael del Pino Siero, al denunciarlo el 15 de abril de 1959. Y así, sucesivamente, se producen las clarinadas de alerta del Comandante Pedro Luis Díaz Lanz, de Gerardo Fundora Núñez y del doctor José Ignacio Rasco, quienes advirtieron de los planes de comunización de Fidel Castro.

Años más tarde, Juanita Castro dijo lo que sospechaba el padre Llorente que la Revolución nació comunista en la Sierra Maestra. Ante los hechos y realidades, sólo queda una alternativa, la obligación patriótica y cristiana: crean la organización clandestina para confrontarlo y condenarlo como se merece como única solución.

Con la presencia de la Agrupación Católica Universitaria se iniciaron tres organizaciones que eran: Movimiento de Recuperación Revolucionaria (MRR) dirigido por Rogelio González Corzo y Manuel Artime, Movimiento Democrático Cristiano (MDC) con la dirección de José Ignacio Rasco y el Directorio Revolucionario Estudiantil (D.R.E.) dirigido por Alberto Muller, Luis Fernández Rocha y Juan Manuel Salvat.

La Reforma Agraria y los Comandos Rurales

Las revistas *Bohemia* (Cuba) del 27 de abril y 3 de mayo de 1959 publican una relación amplia de la labor de los Comandos Rurales y de la Agrupación Católica Universitaria.

Viendo los graves problemas sociales que afectaban al pueblo cubano estaba la crisis económica, el desamparo y la falta de asistencia médica y educacional que vivía el campesinado. Por eso, la ACU preocupada por la situación de los trabajadores y la agricultura, hicieron una encuesta que por primera vez en la isla de Cuba se hiciera una estadística desarrollada y verdadera de las condiciones de vida en que pudrían darse soluciones inmediatas.

Los miembros de la ACU pudieron ver de cerca la realidad de los campos y entender sus dificultades debidas al abandono y al egoísmo en que la atención fue pobre, carente de servicio. Basado en el espíritu de la Doctrina Social de la Iglesia a través de las enseñanzas de los papas León XIII y Pío XI en las encíclicas *Rerum Novarum* y *Cuadragésimo Anno*, se prepararon las condiciones para realizar otra encuesta con todos los adelantos científicos requeridos.

Se procedió al comienzo de 1959 a poner en marcha los Comandos Rurales para conocer más a fondo la situación de los campesinos a través de la Encuesta realizada y con ese estudio impulsar las acciones de la ACU. Se visitaban los lugares habitados y en ellos impartían a los campesinos clases de cívica, se dedicaban a evangelizar a las familias y aunando esfuerzos se hacían algunas escuelas donde los niños comenzaron a recibir las primeras enseñanzas de lectura, escritura y aritmética. La obra era extraordinaria y útil, hacía reivindicaciones del campesinado.

Sorí Marín era un hombre de pensamiento conservador que no estaba con las ideas comunistas. Una vez le dijo a Fidel que no le gustaba el rumbo que estaba tomando la Revolución. A lo cual Fidel Castro le contestó, «Que todavía tenía que apretar más, y al que no le guste estaba a tiempo de retirarse».

Después de escuchar a Fidel, Sorí se dio cuenta de que no le quedaba otra alternativa que conspirar. Humberto Sorí Marín había sido nombrado Ministro de Agricultura en los primeros días de enero de 1959 por el presidente provisional Manuel Urrutia Lleó. Durante el corto tiempo que permaneció en el cargo, el doctor Humberto Sorí Marín redactó el primer borrador de la Ley de Reforma Agraria, sin dudas con el asesoramiento de Rogelio González Corzo, su experiencia personal, y tomando como base la Encuesta sobre la vida del campesinado cubano realizada por la ACU, más las vivencias adquiridas por los Comando Rurales.

Rogelio González Corzo y su amigo Humberto Sorí Marín organizaron los llamados Comandos Rurales, que fueron a la Sierra Maestra y otros lugares aislados a convivir con los campesinos y enseñarles técnicas de cultivo y cómo mejorar su salubridad y medios de vida.

La gran Cruzada Redentora

Con el apoyo del Ministro de Agricultura se dirigen a la Sierra Maestra en los primero días de enero de 1959, 60 jóvenes que se ofrecieron para esta tarea. La mayoría miembros de la ACU. Roberto de Varona, estudiante de Arquitectura, asume la jefatura de los Comandos Rurales, todos habían realizado estudios de cooperativa y estaban capacitados para desarrollar la labor. Ninguno ganaba sueldo alguno. Sólo una simple ayuda para cubrir los gastos de comidas y vivienda en los hogares campesinos. Llegaron a Manzanillo. Manuel Artime los estaba esperando, pues tuvieron algunas dificultades en el camino.

Tenían una misión tanto González Corzo, Manuel Artime, Héctor Goicelaya, Alberto Muller y Roberto de Varona: divulgar la idea de cooperativas y enseñar agricultura e higiene. Pero han tenido que hacer de todo, desde inyectar y curar, hasta dar clases por el día a los niños y por la noche a los adultos debido a la falta de maestros, así como de distribución, correspondencia y dirigir la construcción de caminos. El servicio era educativo y social. Se impartían educación, higiénica, moral y cívica al campesinado, al hombre de campo.

La Sierra Maestra se dividió en zonas, dos compañeros de los Comandos Rurales, Alberto Muller y Dámaso Oliva hacían sus partes. La formación intelectual de los Comandos Rurales tiene la intención especial en la Sierra Maestra de organizar y desarrollar cooperativas en términos democráticos. Artime pensaba también que desarrollando una presencia organizada en la Sierra pudiera servir como base para un alzamiento futuro.

Los Comandos Rurales fueron admirados y respetados por Sorí Marín y no deja de ser el resultado de las preocupaciones que desde la Sierra sentía el abogado y comandante por la creciente influencia comunista y en donde había que pedir necesariamente la actuación de elementos anticomunistas con formación democrática y cristiana en orden de neutralizar la penetración izquierdista. Esto dio lugar a que el padre Llorente, después de conversar con Sorí Marín envió a la Sierra al médico Manuel Artime y al abogado Emilio Martínez Venegas. Por esa razón, fue necesario que el ingeniero Rogelio González Corzo ocupara alta posición en el Ministerio de Agricultura al lado de Humberto Sorí Marín, para contrarrestar el daño que le pudiera ocasionar los desmanes del comunismo a la democracia en acción.

Hacía ya unos meses que Rogelio González Corzo había abandonado su cargo en el Ministerio de Agricultura, después de que el Comandante Sorí Marín terminara en su cargo que mantuvo hasta el 11 de junio de 1960, el mismo año en que fue reemplazado por el Comandante Pedro Miret Prieto y por Carlos Rafael Rodríguez el día 14 de octubre de 1960 por no aceptar las condiciones de una Reforma Agraria tipo marxista, como decía el sacerdote Manuel Foyaca SJ conocedor de los problemas sociales. A partir de entonces, se convirtió en despojo agrario.

Fidel Castro, que era un renegado que había perdido la fe, no quería la participación ni la ayuda de la Iglesia Católica en el asunto de la reforma agraria porque su intervención perjudicaría su abrazo con Rusia. En la Sierra Maestra, el doctor Sorí Marín se encargó de administrar el ganado y el café. Intervino en la concepción de la Ley de Reforma Agraria del Ejército Rebelde el 10 de octubre de 1958. Fidel Castro dijo en aquella oportunidad, «que se fundamenta de quienes cultivan la tierra deben ser de ellos y el derecho de los trabajadores». Lo cual resultó ser una falsedad.

Rogelio González Corzo, como colaborador de Sorí Marín fue testigo excepcional de todos los esfuerzos elaborados por el Ministro de Agricultura. Fidel Castro reunido con un grupo de sus incondicionales cambió el texto original y proclamó la Reforma Agraria, sin contar con los verdaderos autores del proyecto y la hizo pasar por suya. Pero esa Reforma Agraria comenzó como parodia, al final resultó una farsa, los campesinos quedaron más pobres y desamparados que antes y fue el primer acto de la tragedia y el drama cubano.

La arbitraria e injusta aplicación de la Reforma Agraria en vez de orientarse en dirección democrática, iba cada vez tomando un rumbo a la colectivización forzosa, hacia el comunismo, la dictadura del proletariado.

Basado en ese sentido, Monseñor Pérez Serantes, Monseñor Alberto Martín Villaverde y Monseñor Evelio Díaz, por su parte, advirtieron públicamente del peligroso rumbo que iba tomando la interpretación y aplicación de la referida ley.

Manuel Artime denuncia la conjura comunista

Fidel Castro señaló, «Aquí tienes: lucha ahora con todos tus fuerzas para que sean tuyas la libertad y la felicidad». Lo cual todo fue una mentira y una falsedad. Cuando Manuel Artime abandona aquella trampa en que se había convertido la Revolución, le dice a Fidel Castro en Carta-Renuncia, entre otras cosas, y en respuesta a un acto de conciencia, «No quiero engañar al guajiro diciéndole que va a haber reparto de tierras, como Fidel Castro prometió en la Sierra Maestra y siguió prometiendo después cuando sé (dice Artime) porque Ud. (con referencia a Fidel) mismo lo dijo en la última reunión del INRA que no iba a dar tierra a nadie, que solo crearíamos cooperativas en tierras que serían del Estado, pero el campesino no debía saberlo. ¿Por qué Ud. (Fidel) no es sincero con ese campesino que dio su vida por hacer libre a Cuba y que espera justicia?». Después de todos los trabajos y sacrificios y que se entera, dice Artime, que el camarada Rivas ha sido nombrado en el INRA de Manzanillo y se me ordena que disuelva los Comandos Rurales y se me aconseja que no ataque más al comunismo.

Versión del abogado Emilio Martínez Venegas. Pensaba igual que todo el grupo de la ACU. Decía que Rogelio González Corzo estaba con el Comandante Sorí Marín en el Ministerio de Agricultura. Martínez Venegas empezó a darse cuenta de una de las razones por las que Sorí Marín había pedido refuerzo a la Sierra era que Fidel Castro estaba siendo influenciado por los comunistas y había que balancear esa influencia con personas de formación no comunista como era la nuestra, comprendimos que aquello estaba tomando un curso hacia la izquierda.

En el mismo momento en que se planeaba la toma del poder por los comunistas en la Isla, no se podía permitir que en Oriente estuviera funcionando un proyecto de la Agrupación Católica Universitaria al que ya se había incorporado el doctor Manuel Artime Buesa, quien con la colaboración de Muller había fundado dos escuelas en las montañas de Oriente. El progreso de la obra de los Comandos Rurales contradecía los propósitos de los comunistas.

A pesar de los obstáculos que ponían Raúl Castro, el capitán Antonio Pérez y Rodrigo Rivas a los Comandos Rurales que tenían que regresar a sus hogares por temor a que ellos llevaran la semilla de la cultura del cristianismo y la democracia en marcha. La obra de los Comandos Rurales crecía en beneficios del hombre de campo, y construyeron escuelas con cooperación voluntaria. Con las firmas comerciales se recibieron semillas de papas, arroz, maíz y frijoles. Corría el mes de octubre de 1959: Rogelio González, la Agrupación Católica Universitaria y el Comandante Humberto Sorí Marín soñaban con llevar una reforma agraria que realizara los más caros anhelos del campesino cubano y librarlo de las condiciones en que vivían y trabajaban en los campos de la isla cubana.

Desgraciadamente, la obra de la gran Cruzada Redentora de la ACU no pudo cumplir totalmente su cometido por culpa del régimen de Fidel Castro y la instauración del comunismo ateo y materialista.

Nada más claro, ni más útil, que la expresión de Monseñor Boza Masvidal con respecto a la Ley Agraria. «Con Dios, la Reforma Agraria será la de la Justicia Social Cristiana, la de las encíclicas de los Papas, la del amor entre todos los hombres como hermanos, la que hace a todos pequeños quitando desigualdades injustas y reconociendo en todos la dignidad y los derechos de la persona humana, hecha a imagen y semejanza de Dios. Sin Dios la Reforma Agraria sería la del yugo comunista, la del odio y la lucha de clases, la que sólo como cuestión táctica daría primero al campesino una propiedad ficticia, paso previo para llegar al único propietario, a la absorción total del hombre por el Estado».

Miembros de la Agrupación Católica Universitaria que formaron parte de los Comandos Rurales:

1- Manuel Artime
2- Frank Bernadino
3- Roberto Borbolla
4- David Cabarrocas
5 -Rolando Castañeda
6- José Fernández Planas
7- General Fatjó
8-.Antonio García Crews
9- Rogelio González Corzo
10- Emilio Martínez Venegas
11- Alberto Muller
12- Eduardo Múñiz
13- Arturo Mugarra
14- Dámaso Oliva
15- Joaquín Pérez Rodríguez
16- Rafael Quintero
17- José Antonio Ramy
18- Roberto de Varona

Cuando el médico y oficial del Ejército Rebelde Manuel Artime presenta su renuncia, hace una denuncia de la conjura comunista, el 7 de noviembre de 1959, y recuerda la última reunión del Instituto Nacional de Reforma Agraria (INRA) con la plana mayor del gobierno, donde Artime dijera que el gobierno revolucionario se quitó la máscara de democracia y libertad que enseña al pueblo, para mostrar casi bestialmente, la repugnante entraña de la hoz y el martillo.

Artime salió asombrado de aquella reunión y fue a ver al p. Llorente y le relató cuánto vio y escuchó, y más aún cuando decían «que la tierra no era del campesino sino del Estado», y Fidel Castro lo señaló, «todo fue una mentira y una traición al pueblo de Cuba».

La protesta estudiantil contra Mikoyan

El día 4 de febrero de 1960 llegó Anastas Mikoyan (vicepresidente del Consejo de Ministros de la Unión Soviética) a Cuba con una comitiva de funcionarios de Rusia que fueron recibidos en el aeropuerto por Fidel Castro y sus colaboradores.

La visita del político soviético a la isla no fue exclusivamente para realizar intercambios comerciales entre ambos países, sino que la intención principal era firmar la entrega de Cuba al comunismo internacional y convertirla en un satélite más de la Unión de Repúblicas Socialistas Soviéticas. Todo fue una máscara.

Al día siguiente, 5 de febrero Anastas Mikoyan al lado de Fidel Castro, coloca una corona de flores ante la estatua del apóstol José Martí en el Parque Central de La Habana. Lo peor del caso, la corona en lugar de llevar la bandera en el centro, llevaba los signos de la hoz y el martillo, que representaban la esclavitud de los pueblos tras el sovietismo. Ante la grave situación creada por el gobierno y su vinculación a Moscú causó preocupación a la jerarquía de la Iglesia Católica, a la Acción Católica y a la Agrupación Católica Universitaria.

El primer grito de libertad del estudiantado cubano

Los estudiantes hicieron una convocatoria pacífica que se hizo pública en los predios de las dos universidades, la de La Habana y de

Villanueva. Se realizaron tres propuestas y se escogió la tercera que era la de llevar una corona de flores, simbolizando una bandera cubana que se depositaría ante la estatua del apóstol de la Independencia, en el Parque Central. La corona fue ordenada en la florería Mena y fue recogida y los estudiantes salieron rumbo al Parque Central. Al poco tiempo de haberse retirado Mikoyan, arribaron varios automóviles, en su mayoría pertenecientes a la Agrupación Católica Universitaria (ACU).

Bajo el fuego de las balas de la Policía Revolucionaria y los gritos de los comunistas del patio, los estudiantes arrancaron los símbolos de la hoz y el martillo poniendo en su lugar una bella bandera de flores con los colores de la bandera cubana. Se calcula que por lo menos decenas de estudiantes hicieron acto de presencia a las 12 del mediodía, en manifestación, con pancartas, y algunas decían: «Abajo Mikoyan y el comunismo», y una corona de flores con la bandera cubana y un mensaje patriótico, que decía: «A ti nuestro apóstol como desagravio a la visita del asesino Mikoyan».

Los estudiantes lanzaron arengas contra el gobierno de Castro y dieron gritos de libertad, cuando se aparecieron los esbirros y represores del gobierno y comenzaron a disparar las armas repetidamente. Fueron 11 estudiantes de la Universidad de La Habana detenidos por orden de Ameijeiras en la tercera estación de la policía: Fernando Trespalacios, René Pérez, José Antonio Ramy, José Enrique Álvarez, Jesús Permuy, Francisco Bernardino, Juan Koch, Guillermo Ulhon, Mario García, Armando Viego y Antonio García Crews.

De la Universidad de Villanueva: Ernesto Jiménez, Francisco Uriarte, Sergio Álvarez y Antonio Crespo. Frente a la tercera estación se formó un acto de repudio pidiendo paredón para los detenidos.

Cuando Alberto Muller vio que se llevaban en calidad de detenido a Juan Manuel Salvat y conducido en el carro policial, comenzó a protestar y a imponerse en la vía pública, entonces la policía se lo llevó también para el G-2 en Quinta y 14, en Miramar.

Hubo una visita desagradable, el comandante Abelardo Colomé Ibarra, quien acusó a los estudiantes de ser agentes de la C. I. A. Ellos no callaron. Respondieron a las ofensas y falsedades. Más tarde, los arrestados Alberto Muller y Juan Manuel Salvat fueron trasladados a la tercera estación de policía, donde se encontraban los demás detenidos. Después de una arenga que hiciera el comandante Efigenio Ameijeiras a favor de la Revolución, los estudiantes fueron liberados.

Los estudiantes cubanos no estaban de acuerdo que Fidel Castro invitara a Mikoyan porque se trataba de un político causante en noviembre de 1956 de la muerte de 2.500 húngaros, de 200.000 que huyeron del país, de 2.000 que fueron juzgados y presos durante muchos años por la dictadura de los bolcheviques.

Una historia no conocida y que formó parte de la acción anticomunista la narra el autor de esta obra que la vivió en carne propia. Es detenido por la milicia castrista porque le ocuparon propaganda de papel pequeño o volante, que decía lo que era el comunismo en pocas palabras, que al parecer, se estaba repartiendo en el escenario de la protesta del estudiantado cubano ante la presencia del carnicero de Budapest.

La protesta valiente realizada por los universidades, la de La Habana y la de Villanueva contra la presencia de Anastas Mikoyan tuvo un gran impacto en los periódicos locales que enseguida divulgaron la información de los hechos sucedidos, que recorrió el ámbito internacional.

Esta batalla del estudiante cubano se convirtió en el primer acto de rebeldía contra un gobierno traidor, y una señal de victoria de una reunión celebrada por Juan Manuel Salvat, Luis Fernández Rocha, Alberto Muller, Antonio García Crews y Roberto Borbolla, entre otros.

Y por último, como dijera el periodista José Ignacio Rivero, en su editorial del *Diario de la Marina* que las flores que Martí quería pertenecen a los cubanos libres.

Participantes en los sucesos del Parque Central:

1- Gladys Abella
2- Isabel Alonso
3- José Enrique Álvarez
4- Sergio Álvarez
5- Teresita Baldor
6- Manuel Barba
7- José Basulto
8- Francisco Bernardino
9- Vicente Blanco
10- Roberto Borbolla
11- Yara Borges
12- Luis Boza Domínguez
13- Virgilio Campanería
14- Juan Clark
15- Antonio Crespo
16- Julia Díaz
17- María Elena Diez
18- Ernesto Fernández Travieso
19- Antonio García Crews
20- Mario García
21- Jorge Garrido
22- Jorge Giraud
23- Manuel Guillot
24- Rosalía González Anleo
25- Jorge Gutiérrez Izaguirre
26- Francisco Haded
27- Ernesto Jiménez
28- Herman Koch
29- Juan Koch
30- Luis Morse
31- Alberto Muller
32- Eduardo Núñez
33- Rafael Orizondo
34- Juanín Pereira Varela
35- Aurelio Pérez Lugones
36- Joaquín Pérez Rodríguez
37- René Pérez
38- Jesús Permuy
39- Ady Pino
40- Roberto Quintairo
41- José Antonio Ramy Álvarez
42- Reinaldo (Ronnie) Ramos
43- María Elena Rivero
44- Juan Manuel Salvat
45- Lula Santos
46- Josefina Suárez
47- Fernando Trespalacios
48- Guillermo Ulhon
49- Francisco Uriarte
50- Teresita Valdés Hurtado
51- Mary Vega
52- Armando Viego

y otros

Monseñor Eduardo Boza Masvidal

Con la enorme autoridad moral que le acompaña por su vida patriótica dijo: «Creemos que ya es hora que cesen los fusilamientos». El prelado Boza, con la misma valentía que lo caracterizó en la lucha contra el gobierno de Batista siguió en sus palabras, «Nos parece que el gobierno debe estar interesado en que todos le ayuden y en que haga una crítica constructiva, no viendo en cada opinión que disiente de la suya una oscura conjura reaccionaria, específicamente cuando se trata de personas que han puesto al servicio de la revolución sus mejores esfuerzos». Estas palabras fueron dichas por Boza a las pocas horas de asumir como rector de la Universidad de Villanueva.

1959 marzo y abril revista *La Quincena*

El prelado Eduardo Boza Masvidal hace declaraciones en defensa de los estudiantes en manifestación contra la presencia de Mikoyan que daña la imagen de José Martí al depositar ofrenda floral ante su estatua en el Parque Central de la capital habanera.

Diario de la Marina 9 de febrero de 1960, págs. 1, 3-B

«Ejercieron un derecho cívico los estudiantes católicos en el acto del parque central».

Afirma el presbítero Boza Masvidal, rector de la Universidad de Villanueva y agrega: «Fue una ofensa pisotear y quemar la bandera cubana. Una bofetada al rostro de Martí».

Inconciliable la ideología católica con la marxista que en vez de distribuir la riqueza la acapara toda en manos del Estado rojo. El rector de la Universidad de Santo Tomás de Villanueva reverendo padre Eduardo Boza Masvidal, nos ha remitido para su publicación, las siguientes declaraciones públicas en nombre de dicho prestigioso centro de cultura: La Universidad Católica de Santo Tomás de Villanueva desea aclarar su posición con respecto al suceso acaecido el pasado viernes en el Parque Central en el que intervinieron varios alumnos de esta universidad, en unión con otros muchos de otras universidades, pues entiendo que el momento en que vivimos no es para situaciones ambiguas, ni de medias tintas, sino de definir posiciones con sinceridad y valentía.

1. La universidad no intervino en absoluto en la organización del acto del Parque Central y suspendió clases.
2. Como Universidad católica que sostiene una ideología que no puede conciliarse con el comunismo basado en el materialismo histórico que niega la existencia de Dios, del alma, y de todo el mundo espiritual; que desconoce la dignidad de la persona humana convirtiendo al hombre en una pieza de la máquina estatal que piensa por él y ahoga su personalidad y su iniciativa individual, y que en vez de propiciar una más justa distribución de las riquezas lo acapara todo en manos del único propietario que es el estado.
3. Que respetando la persona del señor Mikoyan rechaza total y absolutamente la ideología del gobierno que él representa y que si los ideales de libertad de la revolución cubana no le hubieran permitido recibir con honores a ningún representante de un régimen tiránico y se hubiera considerado una ofensa a nuestro apóstol los homenajes que vienen de manos ensangrentadas, no sé por qué se ha de hacer una excepción con la más implacable de las dictaduras, cuyo símbolo de la hoz y el martillo que ya ha quitado la independencia a tantos países, apareció encima de las esferas el mundo al que aspira a dominar, como una bofetada en el rostro de Martí, apóstol de la libertad de los cubanos.
4. Que los jóvenes que como una manifestación de repudio a una ideología fueron pacíficamente y sin armas a depositar una bandera cubana, manifestando que querían la revolución cubana y no la rusa, ejercitaron el derecho que todo ciudadano tiene a la libre expresión del pensamiento.
5. Que constituye una ofensa a nuestra nacionalidad que la bandera cubana haya sido pisoteada y después quemada por unos individuos que no pueden representar al pueblo cubano cuya enseña manifiestan no amar.

6. De los que tratan de calificar cualquier manifestación contraria al comunismo como contra revolucionaria, están haciendo mal servicio a la revolución cubana a la que están identificando con el comunismo, en contra de las reiteradas manifestaciones de su máximo líder doctor Fidel Castro.

Eduardo Boza Masvidal, Rector

Declaraciones sobre el incidente

El señor Juan Manuel Guillot Castellanos nos hizo entrega de las siguientes declaraciones para su publicación a la opinión pública de Cuba. «Es mi única intención al dirigirme por todos los medios de prensa escrita al pueblo de Cuba al esclarecer de forma rotunda y definitiva los pormenores en actuación decidida y cubanísima de un grupo de jóvenes que han demostrado anteponer a Cuba y el espíritu sublime de Martí por encima de sus intereses particulares y de su tranquilidad física. De un grupo de jóvenes estudiantes y tan cercano al Alma Máter como pudo haberlo hecho nuestro inolvidable José Antonio Echeverría.

El acto a que me refiero ha sido de todos conocido por la forma en que desgraciadamente ha terminado. Por el derrotero abrupto que sin razón tomaron los acontecimientos. Por los miles de tiros que retumbaron. Por las docenas de voces roncas y cobardes que gritaron «esbirros y contrarrevolucionarios», no habiendo sido nunca esas las perseguidas por revolucionarios y legítimamente finalistas en la oportunidad que era necesario. Me refiero al acto de un grupo de jóvenes que quisieron ofrecerle a nuestro apóstol como justo desagravio, una corona en que se dibujaba únicamente nuestra bandera de la estrella solitaria. Como desagravio por la ofensa infinita que se le hizo al permitir depositar otra corona anterior, con la hoz y el martillo y la estrella roja —al representante más digno, por indigno— de un régimen totalitario, esclavizante y rotundamente anti cristiano. Me refiero al eterno «tercer nombre» de la revolución bolchevique. Al discípulo directo de Lenin. Al que fue amigo de Trotsky y lo supo traicionar en su decadencia. Al inseparable de Stalin que después de su muerte supo pisotear su cadáver para conveniencia política propia. A uno de los que levantó el dedo índice hacia la heroica Hungría para ordenar el exterminio de tantas vidas. Al actual amiguito de Nikita y sus nuevos métodos tan terribles como los anteriores. Al que ha ayudado decididamente a mantener una de las dictaduras más terribles que ha conocido la historia por más de 43 años de crímenes y coacciones.

Quiero aclarar detalladamente, primero, las razones que tuvieron esos jóvenes al producir ese acto, y segundo la forma única y verdadera en que se comportaron. Y que no hacerlo, y tengo derecho a hacerlo porque estaba presente, solidarizándome plenamente con tan noble y cubana iniciativa. Porque comparto a plenitud sus ideales e inquietudes cívicas.

Fuimos al Parque Central a las 12 del día, únicamente portando unos cartelones que decían (textualmente): «Viva Fidel, Abajo el Comunismo», y una corona floral con la bandera cubana. Cualquiera otra postura que nos quieran «endilgar», la subrayaré hoy y siempre como falsa. Cualquier otro acontecimiento al que se nos quiera relacionar, ocurrido antes, durante o después de aquel momento, sería una infame mentira. Cualquier otra intención que se nos quiera pegar, es absurda y baja. Cualquier otro letrero que se nos quiera enganchar que no sea los de «cubanos, cristianos y jóvenes», sería una demagogia malintencionada.

Llegamos a la hora antes referida, desarmados por completo, a depositar las flores a Martí. Allí inmediatamente se nos trató de impedir nuestra intención por un miliciano equivocado que hasta desenfundó el arma. Después vinieron otras personas con igual intención. Al rato, muy corto, llegó la policía y el ejército. Trataron de obligarnos a desistir y empezaron a disparar al aire hasta el punto en que el tiroteo fue descomunal. Algunos de nosotros empezaron a retirarse, otros permanecieron firmes entre las ráfagas de tiros al aire. Hubo quien pisoteó la corona con nuestra bandera. Más tarde, entre algunos, la quemaron.

Cuando cesa el colectivo histerismo militar, empezaron las discusiones y las detenciones de compañeros. Empezó la desagradable, baja y deshonrosa gritería de la turba que no piensa, que no siente, que no ama a Martí ni respeta a Cuba. Esa turba que falsamente se autotitula «pueblo», y que ha servido de metal con el que fraguaron los puñales de Batista y los demás desgobiernos que Cuba ha tenido durante los 58 años de vida republicana.

Quiero también consignar aquí, que muchos cubanos de pura cepa —como tantos que Cuba felizmente siempre ha tenido— de todas partes de La Habana quisieron unirse a tan patriótico acto y que sólo el desmedido acto de nuestra policía los contuvo en distintas partes de la ciudad.

Si estas declaraciones hechas con la mejor intención, para cumplir un deber ciudadano de lealtad a nuestra bandera implican a los ojos de alguien algún tipo de responsabilidad «criminal o jurídica», estaré en adelante, como hasta ahora, muy tranquilo y satisfecho en mi casa y mi oficina. Porque el que cree en la justicia divina de Dios no teme a los hombres».

La Habana, martes 8 de febrero de 1960

Señor presidente de la Federación Estudiantil Universitaria
Señores del Ejecutivo de la Asociación de Ciencias Sociales
y Derecho Público. Escrito a la F.E.U.
Juan Manuel Salvat Roque
Vice Secretario de los estudiantes de la Facultad de Ciencias
Sociales nos entrega con el ruego de su publicación

Estudiantes de la Universidad de La Habana

Cuando los hombres toman un acuerdo con levantado espíritu patriótico y rectitud moral no pueden volverse atrás. Fui al Parque Central el viernes cinco con algunos compañeros con objeto de realizar un acto noble y digno siguiendo los dictados de mi conciencia. Quiero para mi pueblo la justicia y la verdad, que se haga una efectiva democracia social, económica y política. Por eso no puedo ser contrarrevolucionario, pero si soy contrario a la ideología comunista que propugna todo lo contrario, que está en pugna abierta, radical y completamente con mis principios. Se había ofrendado a nuestro apóstol una corona por un representante de la Unión Soviética y pensé que era un agravio a Martí aquel homenaje, por estar manchada con la sangre de tantos estudiantes mártires de Hungría, Rusia...

Por eso quise colocar una corona con la bandera cubana y la rompieron y deshicieron a los pies del Apóstol para afrenta de nuestra Patria, nuestra bandera cubana, mientras defendían la integridad de una corona con la bandera extraña que representaba la ofensa de una dictadura extranjera. Los comunistas nos agredieron, dispararon primero al aire, provocando luego el tiroteo, pues los policías justamente trataron de impedir el desorden. Fuimos detenidos y puestos en libertad, pues estábamos limpios, pues no éramos los que algunos mal intencionados han querido hacer ver mostrando los cartelones de signo de exclamación ¡Viva la revolución! ¡Viva Fidel!

Fueron los comunistas y sus periódicos los que provocaron el escándalo del cual algunos interesados se han aprovechado. Yo sólo soy un cubano que anhela lo mejor para nuestro pueblo y trabajo con todas mis fuerzas por su progreso y en su defensa. Estoy en contra de los que no aman a Cuba, de los que la venden y la regalan a Rusia. Estoy con la revolución pues significa reivindicación para nuestro pueblo, que significa justicia, libertad y como un estudiante digno siempre voy a demostrarlo. Mi actitud puede entenderse como perjudicial para la FEU o para la asociación de estudiantes del C. S. y D. P., yo no lo creo así porque actué con limpieza y dignidad. Y cuando se actúa de esa manera, no se puede perjudicar. Estoy consciente de que sólo los estudiantes que me eligieron para ocupar el cargo del vice secretario general de esta escuela pueden imponerme una sanción. Pero estoy consciente también de que no puedo en ningún momento desconfiar de mis compañeros, en todo momento me han manifestado aprecio y me han considerado siempre como un hermano más. Por eso acepto y acato lo que ellos dispongan, considerándolo siempre que sea justo y lo mejor para la universidad.

Cualquier que sea el acuerdo de mis compañeros ejecutivos, seguiré trabajando como hasta ahora en las faenas estudiantiles. Seguiré luchando por la superación universitaria y la grandeza de mi pueblo. Siempre encontrarán en mí el ánimo dispuesto para lo que sea limpio, justo y grande. Pues todos mis ideales se concentran en luchar por «una universidad digna para una Cuba grande». Con el mayor respeto para todos mis compañeros de la universidad.

Juan Manuel Salvat Roque
Presidente de la Asociación de
Estudiantes de C. P. y D. P.

Movimiento de Recuperación Revolucionaria

El origen del Movimiento de Recuperación Revolucionaria (M.R.R) viene de la Legión de Acción Revolucionaria (L.A.R.) formado por miembros de la Agrupación Católica Universitaria opuesta al gobierno de Batista y basada en el pensamiento democrático, en la justicia social y en un programa cristiano opuesto al comunismo que, antes de la salida de Batista y entrada de Fidel Castro, existía la preocupación de que la fuerza que había tomado Castro desconociera a las demás organizaciones en oposición a Batista y se convirtiera en otra dictadura, ésta con influencia comunista.

A mediados de 1959 se encontraban conspirando contra el régimen de Fidel Castro, dentro de la isla cubana, dos grupos. Uno, integrado en su mayor parte de estudiantes, casi todos miembros de la Agrupación Católica Universitaria, dirigido por el médico Manuel Artime. Varios de sus integrantes trabajaban en el Ministerio de Agricultura, entre ellos el ingeniero Rogelio González Corzo, con su nombre clandestino, «Francisco».

Al mismo tiempo conspiraba el otro grupo, integrado en su mayoría por oficiales del Ejército Rebelde, que estuvo en el comienzo coordinado por el Comandante Ricardo Lorié que pronto tuvo que salir del país. En el mismo verano de 1959 ambos grupos hicieron contacto por medio del ingeniero Julio Borda, miembro de la ACU y amigo del doctor Manuel Artime. Al salir Artime de Manzanillo, en octubre de 1959, celebró entrevistas con el representante de Lorié en Cuba, Ángel Ros Escala. El día 6 de noviembre de 1959 se produjo la reunión de ambos grupos, en el que se tomó el acuerdo de formar una organización de lucha contra el gobierno de Fidel Castro, a la cual asistieron Manuel Artime Buesa, Ángel Ros Escala, Jorge Sotus Romero, Carlos Rodríguez Santana, Carlos Hernández, Rafael Rivas Vázquez, Rogelio González Corzo y Emilio Martínez Venegas.

El 12 de diciembre del mismo año se produjo otra reunión en la que se acordó ponerle el nombre de Movimiento de Recuperación Revolucionaria y nombrar un ejecutivo de dieciséis miembros. A la reunión asistieron Rogelio González Corzo, Jorge Sotús Romero, Carlos Rodríguez Santana, Ángel Ros Escala, Luis Fernández Rocha, Julio Borda, Sergio Sangenis, Rafael Rivas Vázquez y Emilio Martínez Venegas.

En enero de 1960 llegó a Cuba la orden de Artime de seleccionar los hombres que habrían de ser enviados a los campamentos. El M.R.R., en su sección estudiantil, organizó la protesta contra el comisario ruso Anastas Mikoyan en un acto en La Habana, el día 5 de febrero de 1960.

En la preparación de la Brigada 2506 participó un grupo del Ejecutivo del M.R.R. en el exilio, integrando el resto dos grupos: uno que estaba movilizado en un barco P.T. que pensaba salir desde la Florida a Cuba y el otro al que Manuel Artime señaló para la operación 40[16] y labores civiles y administrativas de auxilio a la Brigada que habrían de prestar en Cuba desde el inicio de la invasión.

Dentro de Cuba se organizó la resistencia para apoyar el desembarco de la Brigada que estaba planeado. Se formaron células del M.R.R. en cada municipio de Cuba y en cada barrio de la grandes ciudades.

El Coordinador Nacional del M.R.R., Rogelio González Corzo, ordenó a Manolo Villamañán que llevara a Emilio Martínez Venegas a Camagüey dos veces, en febrero de 1961, en misiones clandestinas. Por el Reparto Náutico, en La Habana, llegan abastecimientos de armas que reciben los miembros del M.R.R. y del D.R.E. y se infiltran Manuel Guillot y Juan Manuel Salvat.

---

[16] La operación 40 fue dirigida por el coronel Vicente León.

En la casa del Magistrado de la Audiencia, doctor Álvaro Zaldívar se reunían para conspirar, Rogelio González Corzo, Roberto Fernández Milán, de la Compañía de Teléfonos y estudiante de Derecho y Floridiano Feria, periodista del periódico *El Excelsior* y estudiante de cuarto año de Derecho de la Universidad de La Habana.

El M.R.R. y las guerrillas

El comandante Nino Díaz subió a las lomas entre Guantánamo y Mayarí, en Oriente, donde se reunieron alrededor de cuatrocientos hombres sin que llegaran las armas prometidas por lo que tuvieron que disolverse, siendo detenidos más de cien.

El doctor Lino Fernández se alzó en las lomas de Yaguajay con un grupo de más de cien hombres del M.R.R. sin que tampoco recibiera ayuda y fueron capturados por la fuerza militar del régimen. El doctor Armando «Manduco» Zaldívar del M.R.R. se alzó en las lomas del Escambray para unirse al Comandante Plinio Prieto y al Capitán Porfirio Ramírez.

El ingeniero Ernestino Abreu dirigía las guerrillas del M.R.R. en Matanzas.

David Cabarrocas y Jesús Permuy se encargaban de darle protección y ayuda a los perseguidos por el régimen castrista. Permuy le dio refugio al ex-Comandante del Escambray, Plinio Prieto Ruiz — es designado Coordinador Civil Nacional del Frente Revolucionario Democrático (F.R.D.).

En mayo de 1962, llega Manuel Guillot[17], se infiltra en Cuba para reorganizar el movimiento clandestino y cae apresado el día 29 del mes en circulación. Siendo enjuiciado y fusilado el 30 de agosto, al grito de ¡Viva Cristo Rey, Viva Cuba Libre! Luis David Rodríguez también cae abatido en un enfrentamiento con las fuerzas militares del régimen comunista el día 9 de marzo de 1963.

---

[17] Manolín Guillot y Carlos Rodríguez Santana vivieron un tiempo en la casa de la Agrupación Católica Universitaria situada en la calle San Miguel no. 1111 en la capital de La Habana.

En conclusión ésta ha sido la guerra heroica con la actuación valiente de los hombres del Movimiento de Recuperación Revolucionaria, llenos de sacrificio, de inspiración patriótica, sólo con la pobre ayuda del exterior.

Martí decía que los que pelean por la ambición, por hacer esclavos a otro pueblo, por tener más mando, por quitarle a otro pueblo sus tierras, son criminales como en el caso de los comunistas de Cuba.

Movimiento de Recuperación Revolucionaria

Coordinadores Nacionales

1- Rogelio González Corzo «Francisco»   3- Carlos Bandín Cruz «Hipólito»
2- Jesús Permuy «Pedro Pablo»   4- Juan Falcón Zammar «Esteban»

Miembros del M.R.R. y de la Agrupación Católica Universitaria[18]

1- Manuel Artime
2- Manuel Barba
3- Julio Borda
4- César Baró
5- Vicente Blanco
6- Andrés Cao
7- Oscar Echemendía
8- Juan Falcón Zammar
9- Rogelio González Corzo
10- Manuel Guillot
11- Carlos Hernández
12- Emilio Martínez Venegas
13- Jesús Permuy
14- Rafael Quintero
15- Rafael Rivas Vázquez
16- Carlos Rodríguez Santana
17- Oscar Salas Marrero
18- Roberto de Varona

Se debe destacar las actividades realizadas por Luis David Rodríguez y los hermanos Alfredo y Antonio Quesada que dieron muestras de valor y de heroísmo en la dirigencia de la organización anticastrista.

---

[18] Aunque las tres organizaciones: Movimiento de Recuperación Revolucionaria, Movimiento Democrático Cristiano y Directorio Revolucionario Estudiantil salieron de la Agrupación Católica Universitaria hay que hacer constar que había dos dirigentes de otra organización, Unidad Revolucionaria (U.R.), Celestino Borrón y Eduardo Betancourt que fueron parte de la ACU.

Movimiento Demócrata Cristiano

A finales del año 1959, Valentín Arenas y José Ignacio Rasco, como abogados, fueron al Gobierno Provincial de La Habana e inscribieron el Movimiento Demócrata Cristiano como una asociación cívica política. Se constituye con varios grupos católicos que participaron en la lucha contra el gobierno de Batista. Posteriormente, Rasco y Laureano Batista hicieron un recorrido por toda la isla con el fin de dar a conocer el proyecto de la organización.

Fueron a Lima, Perú, al Primer Congreso de la Democracia Cristiana en América Latina y en ese lugar dieron como hecho la constitución del Movimiento Demócrata Cristiano de Cuba. Este grupo demócrata cristiano, entre sus miembros y dirigencia, vienen de la Agrupación Católica Universitaria.

Fidel Castro se dirigió al país para alentar a la naciente organización y la estimuló abiertamente. Al poco tiempo, Castro cambió de parecer, y exigió al movimiento el sometimiento a su gobierno.

La organización respondió que colaboraría con el gobierno en lo que estuviera de acuerdo con el pensamiento democrático. Castro no aceptó el planteamiento de la organización. Luego, con amenazas, con críticas privadas y públicas y, por último, con la persecución y la supresión del movimiento.

Por su parte el Movimiento Demócrata Cristiano en los meses de marzo y abril de 1960 publica un largo manifiesto donde dice que el pueblo de Cuba «debe seguir lo antes posible el único camino a las elecciones libres, democráticas y honradas». Continuó diciendo el Movimiento Demócrata Cristiano está por la creación de un estado de derecho democrático donde puedan alojarse respectivamente las posturas de las mayoría y de las minorías, donde todas las voces puedan tener el derecho a expresar sus pensamientos, sostiene que «los demócratas cristianos han estado de acuerdo en considerar al comunismo y al neofascismo como los grandes enemigos frente a los cuales es necesario definir posiciones (marzo 1960)».

Después de un mes, el M.D.C. publica en el *Diario de la Marina* de abril 13 de 1960 que «ante el comunismo no hay posición neutral». «Ser comunista hoy es ser reaccionario, pues supone ser agente del imperialismo ruso, el más brutal y despiadado de todas las épocas». «No solamente ha fracasado el comunismo en el orden de las transformaciones de tipo social y económico, sino que las han hecho retroceder (abril 13 de 1960)».

Posteriormente, Fidel Castro lanza un fuerte ataque contra el Movimiento Demócrata Cristiano y específicamente contra el doctor José Ignacio Rasco. Poco después, Rasco es forzado a buscar refugio diplomático en la Embajada del Ecuador en unión de Enrique Villarreal en el mes de abril de 1960.

El M.D.C., a los cinco meses de formarse, termina su labor pública y va al clandestinaje, explicando a la nación que su motivo es liberar al país de la esclavitud comunista y para eso no había más remedio que pelear. Se convierte en un movimiento clandestino y empieza a trabajar junto al Movimiento de Recuperación Revolucionaria que había sido formado por un grupo de jóvenes, en su mayoría provenientes de la Agrupación Católica Universitaria.

Después del mes de abril de 1960, se publicó un documento por los dirigentes del M.D.C., luego, se celebraron algunas reuniones, con carácter oculto y en presencia de José I. Rasco, Enrique Villarreal, Rafael Bergolla, Manuel Guillot, Rogelio Helu, Segundo Miranda, Enrique Ros y Luis Aguilar León, quedó acordado que éste último a nombre del M.D.C. haría planteamientos más fuertes que hicieron que el gobierno proscribiera la organización.

Posteriormente, cuatro miembros del M.D.C.: Enrique Ros, Manuel Guillot, Segundo Miranda y Rafael Bergolla quedaron como responsables para estructurar el movimiento clandestino del M.D.C., tomando la dirección nacional de la organización. Durante el mes de mayo de 1960 se realizaron por el Coordinador Nacional del M.D.C., Enrique Ros, las primeras entrevistas con el propósito de constituir en Cuba el Frente Revolucionario Democrático (F.R.D.). Se produce la primera reunión con los Coordinadores Nacionales de los movimientos revolucionarios.

1. Movimiento de Recuperación Revolucionaria – Rogelio González Corzo («Francisco»)
2. Movimiento Demócrata Cristiano – Enrique Ros («Emilio»)
3. Rescate Revolucionario – Lomberto Díaz
4. Montecristi – Eneas
5. Tripe A – Manuel Antonio de Varona («Tony»)

En esa reunión fue designado «Francisco» como Coordinador Militar del F.R.D. En su carácter de Secretario de Organización se reunió con los dirigentes provisionales de cada organización.

El 31 de julio de 1960 la Coordinación Nacional del M.D.C. convoca a una reunión del Ejecutivo Nacional del movimiento clandestino a las distintas personalidades como Enrique Ros, Segundo Miranda, Benigno Álvarez, Luis Manrara, Rafael Bergolla, Jesús Angulo, Dámaso Pasados, Frits Appel, Fernández Badué. En dicha reunión, se informó de la salida hacia el extranjero del Coordinador Nacional Enrique Ros y de Segundo Miranda. A propuesta de Ros fueron designados como nuevos jefes José Fernández Badué («Lucas») y Benigno Galnares («El Profesor») para la responsabilidad nacional del M.D.C.

En el transcurso del tiempo surgen los primeros mártires de la Democracia Cristiana, Gerardo Fundora Núñez que se alza en la Sierra de Madruga, provincia de La Habana, con un pequeño grupo de compañeros cayendo prisionero y siendo fusilado el 12 de octubre de 1960, Ramón Cubeñas Ibern, quien fuera fusilado en Bayamo, y José Luis Socarrás quien fuera Coordinador Nacional del M.D.C. y que fuera asesinado en el G-2 de Villa Marista, en La Habana, y así sucesivamente iba aconteciendo la historia triste del drama cubano.

La democracia cristiana surge de las Encíclicas de la Iglesia Católica y recoge la filosofía común de los pensadores demócrata-cristianos. Siguiendo la trayectoria del sociólogo jesuita Manuel Foyaca en la Democracia Social Cristiana.

El Movimiento Demócrata Cristiano fue fundado en la oficina del ingeniero Manuel Suárez Carreño en J y 9, en el Vedado, La Habana, a fines de 1959.

Coordinadores Nacionales:

1- Enrique Ros
2- José Fernández Badué
3- Alberto del Junco
4- José Luis Socarrás
5- Magno Moreno
6- Raúl Campos Valle

También, hay que hacer constar a Benigno Galnares.

Formaron parte de la creación del Movimiento Demócrata Cristiano de Cuba algunos miembros de la Agrupación Católica Universitaria:

1- Valentín Arenas
2- Antonio Alonso Ávila
3- Carlos Busot
4- José Antonio Cubeñas
5- Carlos Gastón
6- Melchor W. Gastón
7- Manuel Guillot Castellanos
8- José Ignacio Rasco
9- Ramón Rasco
10- Manuel Suárez Carreño
11- Enrique Villareal

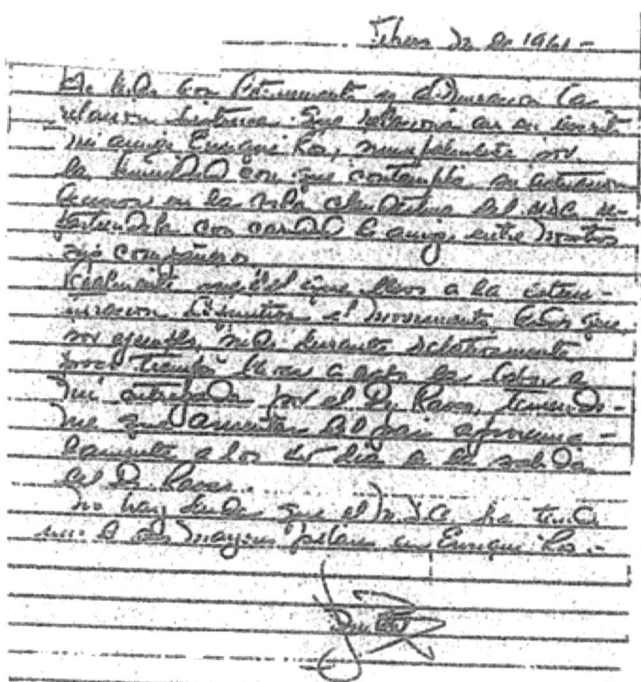

TESTIMONIO DE MANUEL GUILLOT CASTELLANOS

Febrero 26 de 1961

He leído con detenimiento y admiración la relación histórica que relaciona en su escrito mi amigo Enrique Ros, principalmente por la humildad con que contempla su actuación decisiva en la vida clandestina del M.D.C., repartiéndola con caridad de amigo entre sus compañeros.

Realmente fue él el que llevó a la estructuración definitiva el Movimiento, dado que, por ejemplo, pude durante relativamente poco tiempo llevar a cabo la labor a mí entregada por el Dr. Rasco, teniéndome que ausentar del país aproximadamente a los 45 días de la salida del Dr. Rasco.

No hay duda que el M.D.C. ha tenido uno de sus mayores pilares en Enrique Ros.

Manuel Guillot

(Manolito Guillot morirá fusilado el 30 de agosto de 1962)

Directorio Revolucionario Estudiantil

Al comienzo de 1959, los estudiantes de la Universidad de La Habana de pensamiento democrático que ocuparon posiciones, como Alberto Muller, Virgilio Campanería, Juanín Pereira, Joaquín Pérez Rodríguez, Dámaso Oliva, Luis Boza Domínguez, Juan Manuel Salvat, Nelson Amaro, Ernesto Fernández Travieso y Juan A. Rodríguez Jomalca, entre otros, tuvieron poca esperanza en la trayectoria política de Fidel Castro y estuvieron a la expectativa, y pensaron que el régimen iría a un proceso dictatorial tipo comunista, y en realidad el tiempo les dio la razón, al observar que el gobierno no permitió elecciones libres después que las prometió en un término de un año. Asimismo, tampoco cumplió en cuanto a los fusilamientos, que no iba a matar y que serían respetados los derechos humanos de las personas y lo dijo el 7 de mayo de 1959. Promesas que no cumplió por ser un farsante.

Esto se notó y se comprobó en las elecciones estudiantiles entre Pedro Luis Boitel (la candidatura democrática) contra Rolando Cubela (la candidatura de los comunistas) efectuada a finales del año 1959.

Historia de la farsa electoral

Elecciones estudiantiles –un fraude a la democracia universitaria.

Raúl Castro tuvo a su cargo la preparación de una candidatura única, que garantizara al gobierno el control del estudiantado. Raúl Castro, Armando Hart y Carlos Franqui con los principales líderes estudiantiles se planteó la renuncia de Pedro Luis Boitel en favor de Rolando Cubela que era en verdad el candidato favorito de los comunistas. Boitel, que era de formación democrática, continuó en su aspiración a la presidencia de la Federación Estudiantil Universitaria (F.E.U.) con la ayuda de un Hermano de la Salle.

Fidel Castro se encargó personalmente de destruir la democracia universitaria al violar los reglamentos constituidos. La mañana de las elecciones el Comandante Rolando Cubela entra en la Universidad acompañando de Raúl Castro en un automóvil, asegurando así su fraudulenta victoria.

Desde las elecciones del 17 de octubre de 1959 Castro impuso la dictadura al estudiantado. La F.E.U. comienza la persecución contra los dirigentes estudiantiles de formación democrática, y Rolando Cubela y Ángel Quevedo expulsan a Alberto Muller, Juan Manuel Salvat y a Ernesto Travieso.

Alberto Muller ingresa en la lucha clandestina y trabajó en las labores anticomunistas con Luis Fernández Rocha en la sección estudiantil del Movimiento de Recuperación Revolucionaria. Alberto Muller habla por las ondas del canal 2 de televisión de Cuba y lanza la lucha contra la dictadura castrista en un lugar oculto de Cuba. Sale de Cuba el 9 de agosto de 1960 mediante la protección de la Embajada de Brasil. Alberto había ingresado al clandestinaje a Cuba en noviembre 13 de 1960 para continuar al frente de la lucha patriótica emprendida.

El Directorio Revolucionario Estudiantil fue fundado en Miami el 12 de septiembre de 1960 por Luis Fernández Rocha, Juan Manuel Salvat, Alberto Muller, Pedro Interián, General Fatjó Miyares, Luis Gutiérrez, Bernabé Peña, Isidro Borja, Jorge Mas Canosa, Ernesto Fernández Travieso y Teresita Valdez Hurtado. Estos estudiantes exiliados fueron originalmente miembros del D.R.E. en Cuba después de 1959.

El Directorio creado en Miami por las secciones estudiantiles del Movimiento Democrático Cristiano, Movimiento de Recuperación Revolucionaria, Triple A, y Auténticos, forma parte del F.R.D. El D.R.E. fue uno de los movimientos revolucionarios a nivel nacional conjuntamente con el Movimiento de Recuperación Revolucionaria y el Movimiento Revolucionario del Pueblo (M.R.P.) entre otros – Labor de Propaganda de *Trinchera* dentro de Cuba, en la Universidad de La Habana en 1959 durante la inminente propagación del comunismo en Cuba.

El Directorio efectuó la primera reunión en noviembre de 1960 para hacer efectiva la organización como tal. El 13 de noviembre de 1960 la primera huelga estudiantil estallaba contra la tiranía comunista. Porfirio Ramírez, Presidente de la F.E.U. de Las Villas era fusilado por las fuerzas represivas del régimen comunista. El 13 de noviembre se paralizaron las clases en Cuba, en protesta por la muerte de Porfirio Ramírez. En diciembre de 1960 regresan a Cuba Juan Manuel Salvat, Miguelón García Armengol, Manolín Guillot y Alberto Muller.

Con la llegada de los dirigentes, varios movimientos estudiantiles se reúnen con el D.R.E. dándole mayor fuerza a la Pre Universitaria. En ese tiempo, Roberto Borbolla fungía como Presidente de la F.E.U. de la Universidad Católica de Villanueva. Bajo su dirección, la Pre-Universitaria aumentó su labor de organización, propaganda y proselitismo en los centros oficiales y privados de Segunda Enseñanza de la nación.

El día 5 de febrero de 1961 el D.R.E. lanza la consigna de huelga estudiantil, respaldada por todos los movimientos estudiantiles. Con el triunfo de la huelga, los cuadros del D.R.E. comienzan a organizar el ejército clandestino del D.R.E. para la lucha final. Borbolla, Bernardo González y otros comienzan a preparar el alzamiento de la Sierra Maestra. En marzo de 1961, el D.R.E. inicia una campaña de sabotajes en grande.

El 4 de abril de 1961, Alberto Muller subió a la Sierra Maestra acompañado de cuarenta y cinco estudiantes y con la colaboración de ciento cincuenta guajiros de la región. Las armas y equipos prometidos al Ejército Clandestino no llegaron. Tuvieron que abandonar la Sierra para luego caer prisioneros en manos de las milicias comunistas. Entre los capturados se encuentran Alberto Muller, Enrique Caruso, Roberto Borbolla y Jorge Marbán alrededor del 21 de abril.

Con la fallida invasión, el D.R.E. se vio imposibilitado de lanzarse a las calles para desviar al gobierno porque son detenidos los dirigentes del D.R.E. Juan Manuel Salvat y Ernesto Fernández Travieso en unión de los jefes del Movimiento de Recuperación Revolucionaria, Manuel Guillot y Rafael Quintero.

En el juicio celebrado en la persona de Alberto Muller en el Tribunal Revolucionario de Santiago de Cuba, causa no. 127 de 1961, Alberto Muller dijo que la República se levanta en hombros del sufragio universal en defensa por,

1. El restablecimiento de la Constitución de 1940
2. La celebración de elecciones libres en un plazo no mayor de 18 meses
3. El respeto a los derechos del hombre
4. La repartición de la tierra al campesino humilde
5. La repartición al obrero de las utilidades de la empresa
6. Estrechar la solidaridad con los pueblos democráticos del continente y
7. El respeto a la Autonomía Universitaria.

La Pre Universitaria forma células de lucha armada que ya en agosto de 1961 se encontraba en acción. Al final, miles de estudiantes abandonaban la patria. El D.R.E. se organizaba también en el exilio, con un sólo pensamiento: «Todos lucharemos por rescatar la libertad de Cuba».

Directorio Revolucionario Estudiantil – Miembros de la Agrupación Católica Universitaria

1- Nelson Amaro
2- Roberto Borbolla
3- Luis Boza Domínguez
4- Joaquín Colado
5- Virgilio Campanería
6- Luis Fernández Rocha
7- Ernesto Fernández Travieso
8- Tomás Fernández Travieso
9- Antonio García Crews
10- Ricardo Menéndez
11- Alberto Muller
12- Dámaso Oliva
13- Juan Pereira Varela
14- Joaquín Pérez Rodríguez
15- Roberto Quintairos
16- Juan Romagosa
17- Juan Manuel Salvat
18- Pedro Sánchez
19- Fernando Trespalacios

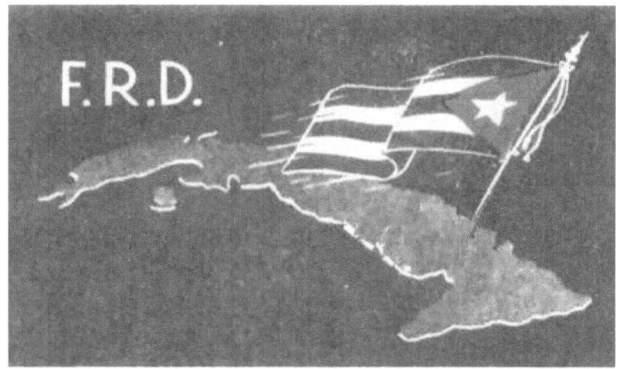

Frente Revolucionario Democrático

El Frente Revolucionario Democrático (F.R.D.) se constituyó con cinco organizaciones que actuaban dentro de Cuba por su liberación de la esclavitud comunista.

Manuel Antonio de Varona, Aureliano Sánchez Arango, Mario Llerena, Jorge Zayas, José Ignacio Rasco, Justo Carrillo, Andrés Vargas Gómez, Manuel Artime y otros.

En los Estados Unidos, en New York, estas personalidades en unión de Pedro Martínez Fraga y el Comandante Ricardo Lorié tienen una reunión con Frank Bender con la ayuda de Willard Carr. En esta reunión se acordaron las bases de las relaciones entre el gobierno norteamericano y las fuerzas anticastristas para impulsar la lucha prometida para el derrocamiento de la tiranía comunista.

Se quedó constituido, con la preparación, dirección y realización de la guerra útil y necesaria, el Frente Revolucionario Democrático. Esta alianza de los representantes de las organizaciones cubanas con los representativos de los Estados Unidos se justificaba dada la ayuda que la Unión Soviética brindaba al régimen comunista de Cuba. Enrique Ros, primer Coordinador Nacional del F.R.D. el día 13 de mayo de 1960, habla con Rasco a quien ofrece detalles sobre la formación del F.R.D. Después se entrevista con Tony Varona, con Artime, Aureliano Sánchez Arango y Justo Carrillo.

Los altos dirigentes le propusieron a Enrique Ros que regrese a Cuba para coordinar en el F.R.D., las organizaciones que ellos representan. Ros se brinda y regresa a Cuba, el 15 de mayo. De inmediato, realiza entrevistas con Rogelio González Corzo, con Norberto Díaz de Rescate Revolucionario con Eneas de Montecristi, con Mario Escoto y Pepe Utrera de la organización Triple A.

El 31 de mayo se produce la primera reunión de los Coordinadores Nacionales de cada organización. Se designa a Enrique Ros Coordinador Nacional de F.R.D. en Cuba, Rogelio González Corzo como Coordinador Militar del F.R.D. Las demás funciones se distribuyen entre los Coordinadores Nacionales de la Triple A, Montecristi y Rescate.

En los primeros meses de 1960, un grupo de estudiantes forman parte de las secciones estudiantiles de distintas organizaciones y en el mes de junio se unen al F.R.D. Estudiantil. July Hernández que forma parte del M.D.C. elabora un llamado al estudiantado cubano firmado por la Sección Estudiantil del Frente Nacional Revolucionario (Triple A), Sección Estudiantil del Movimiento Demócrata Cristiano y Directorio Estudiantil del M.R.R.

En la casa de seguridad del Nuevo Vedado en La Habana, este documento histórico, firmado el 25 de junio de 1960, donde quedaba constituido el Frente Revolucionario Democrático Estudiantil. El 22 de junio de 1960, en la Ciudad de México, el Frente Revolucionario por los representantes de las organizaciones revolucionarias acordaron unidos apoyar la actitud asumida por los firmantes de dicho pacto y lo declararon constituido el día 25 de junio de 1960, en la ciudad de La Habana, El Frente Revolucionario Democrático Estudiantil – por la verdadera Revolución Cubana.

Libertad o Muerte

Poco después de haberse firmado en La Habana el documento creando el Frente Revolucionario Democrático Estudiantil del F.R.D. que tiempo después se convertirá en Directorio Revolucionario Estudiantil (D.R.E.) rompiendo su lazo con el F.R.D.

Las otras organizaciones estudiantiles, M.R.R. M.D.C., Triple A, Rescate Revolucionario se incorporaron al D.R.E. Enrique Ros como Secretario de Organización del F.R.D. se reunió posteriormente con los coordinadores provinciales de cada organización para dejar constituido el F.R.D. en cada una de las seis provincias.

Labor del Sub Coordinador del M.D.C., Segundo Miranda (Frank) estableció una identificación con las distintas instituciones que facilitaron asilo a compañeros perseguidos, permitiendo la impresión de propaganda y la comunicación con otros líderes de otros movimientos y con funcionarios de embajadas extranjeras.

Reclutamiento de patriotas del Movimiento Demócrata Cristiano

Se inicia el traslado a los campamentos de los primeros demócrata-cristianos que formarían parte de la Brigada 2506, Juan Ramón López de la Cruz, Rafael Candia, Ramón A. Cubeñas, Francisco Puentes, Armando Cañizares y otros. Se le brindó protección y asilo a Alberto Muller y a Juan Manuel Salvat se le dio refugio. Además la salida del país de Manuel Guillot. Se crea la integración de un Frente estudiantil que pudiese combatir al régimen comunista en la Universidad, ese cargo lo ocupa July Hernández y la redacción de la proclama que habrían de firmar los representantes nacionales de los órganos estudiantiles que constituían el F.R.D.

Crisis en el Frente Revolucionario Democrático

La situación interna del F.R.D. comenzó a perder su solidaridad y simpatía que tenía al crearse la organización combativa. Las generaciones del '30 (Tony Varona, Aureliano Sánchez Arango y Justo Carrillo) y los jóvenes que habían entrado al ejecutivo del F.R.D., como Manuel Artime, José Ignacio Rasco, Ricardo R. Sardiña, Manuel Cobo y Francisco Carrillo, mantenían diferencias por los procedimientos de las reuniones en la organización de los distintos departamentos del Frente y por la falta de comunicación.

Al escoger a Manuel Antonio de Varona como Coordinador del F.R.D., Aureliano Sánchez Arango se sintió molesto por la votación porque los más jóvenes habían votado por Tony Varona. El Frente Revolucionario Democrático organizó elecciones en muchas naciones de América Latina. El doctor José Ignacio Rasco en labor de Embajador de la causa cubana en todos los países de América.

Enrique Ros se convirtió en el alterno del doctor Rasco en las sesiones ejecutivas cuando éste tenía que irse de Miami para cumplir compromisos con referencia con la liberación de la patria cautiva. Lo mismo sucedió con Manuel Artime que estaba ocupado en sus entrenamientos militares para ir a una invasión a Cuba. El doctor Manuel Hernández se encargó de las reuniones habituales del F.R.D.

Reunión de los dirigentes del Frente Revolucionario Democrático
Manuel Artime, Manuel Antonio de Varona, José Ignacio Rasco,
Aureliano Sánchez Arango, Justo Carrillo

Hubo algunas dificultades. El Coronel Martín Elena designado por el F.R.D. como jefe del Ejército de la operación militar tuvo algunas desavenencias con compañeros militares y americanos y presentó su renuncia. Las relaciones cubano-americanas dentro del plano político se hacían difíciles. Participaron en el F.R.D. personalidades como doctores José Miró Cardona, Raúl Chibás y Felipe Pazos y el ingeniero Manolo Ray que luego fueron los componentes del Consejo Revolucionario Cubano. Desfilaron algunos miembros de la Agrupación Católica Universitarios entre ellos: Juan Antonio Rubio Padilla, Manuel Artime, Ángel Fernández Varela, José Ignacio Rasco y Manuel Hernández Puentes.

Esta fue la obra del Frente Revolucionario Democrático que terminó el 1 de marzo de 1961 y dio comienzo en la misma fecha del Consejo Revolucionario Cubano y terminó con la renuncia del doctor José Miró Cardona el 9 de abril de 1963.

Martí decía que son héroes los que pelean para hacer a los pueblos libres y por defender una gran verdad, como en el caso de los que han muertos frente al régimen comunista de Cuba.

Brigada de Asalto 2506

La gesta libertadora de la Brigada de Asalto 2506 estaba compuesta por 1.500 hombres que se prepararon militarmente, con escasos recursos bélicos comparado con el enorme poderío soviético, convertida Cuba hoy por la traición de Castro y su entrega infame a la Unión Soviética. Para aquellos que cayeron en las arenas de Playa Larga y Playa Girón, el mayor respeto y admiración. No solamente para los que formaron parte de la gloriosa y heroica Brigada de Asalto 2506, sino para todos los que, de una forma u otra, han ofrendado sus vidas en aras del bien común de la nacionalidad cubana.

Pasan los días; las noches; crece el estado de zozobra, de ansiedad. Reina la desesperación por los años de angustia en que se ve sumido todo un pueblo. Cunde el pánico por el terror implacable del comunismo. Al fin llega la ansiada esperanza de redención cubana: la Brigada del patriotismo y del coraje vienen a restaurar las libertades conculcadas y los derechos pisoteados; aquello hace renacer un brío de liberación nacional varias horas; pero, más tarde, fue tronchada. ¿Qué pasó? —alguien dijo—, otro respondió: ¡Todo fracasó! ¡Todos capturados!, a cumplir condenas en las mazmorras pro soviéticas. ¡Qué triste! ¡Qué calvario les espera! ¡A sufrir! Todos responden a una voz, las palabras de Perucho Figueredo: *Morir por la patria es vivir*. También, las palabras de San Juan Bautista de la Salle: *Sufrir por Dios es gozar*. Cabe decir que el pueblo de Cuba fue elegido por Dios para llevar la cruz y el mensaje de redención a toda América. Cuba es ejemplo ante todos los pueblos libres del peligro comunista. Por desgracia, Cuba fue escogida para el martirologio, pero, por suerte, Cuba será la tumba de la esclavitud soviética en las Américas. Así habrá de ser.

Ellos, los hombres de la Brigada, llevaron a la Patria cautiva el reinado de justicia de Dios; y, el mensaje del verbo elocuente de José Martí, frente a las perspectivas del ateísmo práctico del comunismo. Cuando aquella Brigada de patriotas fue a invadir las costas cubanas, parecía que veían el renacimiento de lucha de las generaciones del '68 y del '95.

Como se sabe, se establecieron 4 frentes de combate: Playa Girón, Playa Larga, Soplar y San Blas. Blancos y negros, sin distinción de razas ni religiones, se unieron en el fragor de la batalla para que reinaran de nuevo, y para siempre, las libertades anheladas.

En la batalla, se capturaron batallones completos de milicias. El mismo Fidel Castro, y su gobierno, estaban asustados porque creían que la invasión estaba compuesta por millares de hombres. Debió haber sido así, pero no fue. Castro estaba lleno de pánico ante el rumor del supuesto poder de la Brigada. Cierto es, que la Brigada no era poderosa; pero sí tuvo el carácter de entereza y de sólido patriotismo que constituye su moral. De eso ¡no cabe duda!

Desafortunadamente, todo fue un total fracaso debido a que el soporte aéreo prometido nunca cumplió su misión. Ni siquiera respaldaba su retaguardia por un poder superior. Eso nunca se cumplió, sino que fue una falsa promesa. Es decir, lo acontecido con la Brigada en tierra cubana fue una acción heroica desesperada, en busca de la total independencia del pueblo cubano del yugo de la Unión Soviética. Ni siquiera se le avisó al movimiento clandestino del bélico acontecer. ¿Por qué razón? Algún día se sabrá, cuando llegue el amanecer glorioso de la resurrección de la libertad: para este fin se establecerá el tribunal de la histórica lucha frente al comunismo que dará a conocer el veredicto final de los acontecimientos. Según se dice, nunca fue transmitida la orden de acción a la Resistencia Cubana, por temor a la implicación urbana que se había dado cuenta que el frente de la invasión no iba ser consolidado. Esta versión no convence del todo; da duda. Le realidad del caso es que tal circunstancia habrá que averiguarse en un futuro, en la victoria de Cuba.

Ahondando en Girón. Allí se vieron caer hombres como: Armando Cañizares Gamboa, Herman Koch, Alejandro del Valle León, José M. Millán y Felipito Rodón, para no citar a las decenas de patriotas, también caídos, con idénticos méritos. Parecía que caían Martí, Maceo, Céspedes, Agramonte, Gómez, y Sanguily en lugar de ellos. Las bajas dentro de los cuadros de la Brigada 2506 se aproximaron a 104 hombres; fueron mínimas, en comparación con el cuadro de mortandad que presenta la estadística de la fuerza comunista que llegaron a 3.000. Se nota la diferencia. Quizás con un poco de esfuerzos hubieran triunfado de la asechanza del comunismo; la Democracia y su reinado de justicia, hubiera prevalecido. Sin embargo, los comunistas cometieron atrocidades. Solamente pensar que 9 valientes murieron asfixiados en una rastra, es para estremecer a cualquier humano. Otro drama que conmueve es la desaparición en el mar tenebroso de Jorge Villalta; y otros cayeron abatidos por la metralla asesina, sin lograr contemplar su sueño, hecho realidad.

Por esa razón el Almirante Burke reclamará la acción directa del ex Presidente John F. Kennedy. Se cuenta que en un histórico debate en la Casa Blanca en tan cruenta oportunidad, dijera emocionado: «¿Pero van a dejar que maten a esos muchachos totalmente abandonados?», clamando la intervención sin demoras de las fuerzas navales y aéreas americanas, todo lo cual le fue negado. El gobierno americano estaba decidido a evitar una confrontación militar con una potencia que implicara una conflagración mundial.

¿Por qué razón los Estados Unidos de Norteamérica no les facilitó el apoyo aéreo a los cubanos en la liberación nacional de Cuba? ¿Será, acaso, por las presiones ejercidas por el Embajador ruso ante la O.N.U. al entonces Embajador norteamericano?, donde le señalara: «Si solamente se viera la presencia de efectivos norteamericanos en tierra cubana, inmediatamente se produciría la guerra mundial». Presionado por tales palabras, el Presidente Kennedy ordenó que se retirara toda ayuda a los cubanos, en su lucha por la reconquista de la libertad de su Patria. ¡Qué triste panorama, señores de la historia! ¿No es verdad?

«El informe del embajador al Gobierno americano señalaba que los aviones que habían atacado al territorio cubano salieron de la propia Isla».

Mas, después, el mismo Embajador supo por «otras fuentes» que los aviones que habían efectuado los bombardeos salieron de un país centroamericano pintados al estilo de los que existen en Cuba comunista. Ante esta situación creada, el Embajador le aconsejó al Presidente americano que el gobierno negara la cobertura aérea, que el Pentágono y la Agencia de Inteligencia americana le habían ofrecido a la Brigada. Tal parece una conspiración mundial contra el destino de un pueblo tiranizado por la impiedad comunista.

Ahora uno se pregunta: ¿Servirá Girón de experiencia a los pueblos americanos para evitar que caigan bajo el yugo comunista? La respuesta se deja a los queridos lectores para meditación y reflexión. ¡Ojalá que esta amarga lección sirva de pauta a todos los cubanos que buscan la independencia patria, sin ayuda extranjera; sino la cubana!

Relación numérica de los primeros brigadistas

(Congregantes de la Agrupación Católica Universitaria en negrita)

2501. José A. Andreu Santos
2502. Antonino Díaz Pou
2503. **Vicente José Blanco Capote**
2504. **Javier Souto Álvarez**
2505. **Armando G. Acevedo Arencibia**
2506. **Carlos Rodríguez Santana («Carlay»)**
2507. **Enrique G. Casuso Pérez**
2508. **Ramón E. Machado Vidal**

2509. José Antonio Raffo Barrera
2510. Humberto Solís Jurado
2511. José Raúl Varona González
2512. **Frank S. Bernardino Babot**
2513. Guido G. Valladares Borges
2514. Enrique Falla Crabb
2515. **Gabriel E. Durán Bryon**
2516. William Schuss Álvarez
2517. **Manuel H. Reyes García**
2518. Jorge A. García-Rubio Cancio
2519. **Jorge F. Gutiérrez Izaguirre**
2520. Juan B. Clark Sánchez
2521. **Emilio Martínez Venegas**
2522. **José J. Basulto León**
2523. **Carlos E. Hernández Sánchez**
2524. **Jorge Antonio Giraud Leiva**
2525. José López Castillo
2526. **Aurelio E. Pérez Lugones**
2527. **Rafael A. Quintero Ibarbia**
2528. Rubén de Quesada Rioseco
2529. **Fernando G. Trespalacios García**
2530. Manuel Ángel Blanco Navarro
2531. Santiago Morales Díaz
2532. Guillermo Fernández-Mascaró Ibarra
2533. Ricardo E. Céspedes Jiménez
2534. Ramón Julián Ferrer Mena
2535. Reinaldo Agustín García Martínez
2536. Jorge M. Navarro Rodríguez
2537. Miguel Ángel Orozco Román
2538. José A. Pérez-San Román
2539. Roberto A. Pérez-San Román

Sacerdotes en los campamentos de entrenamiento y en los barcos de la Brigada 2506

P. Jorge Sardiñas Menocal SJ
Recibió instrucciones del Provincial de los jesuitas de que hablara con Artime y le dieran permiso de visitar los a los muchachos. En agosto de 1960 llegó a la finca Helvetia, en el mismo viaje que el coronel Napoleón Valeriano. Esta visita determinó la decisión de la Compañía de Jesús de enviar capellanes a los campamentos.

P. Cipriano Cavero SJ
Llegó a los campamentos en septiembre. Posteriormente fue asignado a la fuerza aérea de liberación en la Base Rayo, situada en Retalhuleu.
Voló como tripulante del capitán Eduardo Ferrer, en un viaje de suministros a Playa Girón, que no pudo completarse al interrumpirse para tratar de localizar un B-26 tripulado por José Crespo y Lorenzo Pérez, el cual se perdió en el mar.

P. Ismael Lugo Alba*
Fue nombrado jefe de los capellanes de la Brigada. Había sido oficial del ejército español y había participado en la Segunda Guerra Mundial con la división azul. Capturado en Playa Girón estuvo preso con los miembros de la Brigada.
* Su nombre real era Fermín Asla Polo. Por razones personales se lo había cambiado. Relato de Aurelio Pérez Lugones, 2do. Jefe de Inteligencia de la Brigada.

P. Tomás Macho SJ
Participó como capellán en la Brigada.
Capturado en Playa Girón estuvo preso con los miembros de la Brigada.
Estando preso se le ofreció salir de prisión y se negó. «Si salen todos los miembros de la Brigada, yo salgo».

P. Segundo de Las Heras Cabo

Capellán asignado al Cuerpo de Paracaidistas de la Brigada.
Capturado en Playa Girón estuvo preso con los miembros de la Brigada.

P. Enrique Osle Tur SJ
Capellán asignado a la Brigada.
No pudo desembarcar.

P. Andrés Benítez Pineda SJ
Capellán del LCI Blagar, barco insignia de la invasión, siendo su capitán Juan Cosculluela.

P. José González Rubio
Capellán del barco Santa Ana.
Operación Marte.
No pudieron desembarcar.
Grupo Nino Díaz.

CAPÍTULO 4

Persecución religiosa

«*Muchos de los buenos serán martirizados*».
Virgen en Fátima, 1917

La organización mariana, la Agrupación Católica Universitaria, sufrió arbitrariedades y agresiones del régimen comunista tras la persecución religiosa.

Se suspenden las calificaciones de la Universidad Católica de Villanueva

En plena Sierra Maestra del 12 al 15 de diciembre de 1958, el padre Amando Llorente SJ y Fidel Castro conversaron sobre las distintas universidades, la de La Habana y la de Villanueva. Se dijo que la Universidad de La Habana fue cerrada por el gobierno de Batista por motivos políticos en dos ocasiones, la primera fue cuando se produce el golpe de estado el 10 de marzo de 1952 y la segunda fue en diciembre 2 de 1956, a raíz del desembarco de Fidel Castro a las costas orientales de Cuba y la Universidad católica de Villanueva permaneció abierta, alegando que una cosa es la educación y la otra es la política. Esta situación fue aprovechada por Fidel Castro cuando asume la dirección del país con la intención de castigar a la Universidad de Villanueva y con ese pretexto iniciar su ataque contra la Iglesia que se realizó a través de la ley número 4 del 10 de enero de 1959, de acuerdo con la cual se suprimía la invocación a Dios del juramento de los funcionarios judiciales.

Después, por la ley número 11 del 11 de enero del mismo año, se anularon títulos académicos expedidos por la Universidad católica de Villanueva y se suspendieron notas y calificaciones de la misma. Si el gobierno de Castro trató de hacerle daño a la imagen de la Universidad católica por no haber participado en la lucha contra el régimen de Batista, cometió un gran error. Hubo cantidad de estudiantes que se enrolaron contra el nefasto gobierno, que se puede mencionar algunos: José Ignacio Lasaga, José Ignacio Rasco, Virgilio Campanería, Manuel Suárez Carreño, Emilio Martínez Venegas, Rafael Rivas Vázquez, José Fernández Plana, Roberto Borbolla Roqueta, Orestes García, Fermín Goicoechea Sánchez, Nelson Carbonell, José A. Tuñón, asimismo dos alumnos del propio plantel académico aparecieron asesinados en un barrio habanero. Los autores del crimen eran agentes del S.I.M. (Servicio de inteligencia militar). También hay que tener en cuenta los cuatro jóvenes de la Agrupación Católica Universitaria que murieron torturados y acribillados a balazos en Guajaibón, Pinar del Río. Fueron ellos: Ramón Pérez Lima, Javier Calvo Formoso, José Ignacio Martí Santa Cruz y Julián Martínez Inclán, el día 28 de diciembre de 1958.

El prelado Boza Masvidal fue a ver a Fidel Castro dos veces, en uno de los viajes acompañado por el doctor José Ignacio Rasco y otras personalidades para tratar el tema de la educación católica de la Universidad de Villanueva, siendo el resultado negativo. Con el comunismo no pueda haber conversación, ni arreglo de ningún tipo. No hay solución que valga. San Pablo apóstol aconsejó que no se debe tratar con deshonestos.

Por esa razón, el arzobispo Enrique Pérez Serantes dio una respuesta contundente al decir «que la guerra es, pues, contra la enseñanza religiosa en la escuela pública, la guerra es contra toda escuela católica hasta la más elevada, la Universidad de Villanueva. El catolicismo, ese es el enemigo». Y en esta forma inicia el gobierno de Fidel Castro su odio tenaz y la iglesia perseguida recibe los primeros embates del sistema ateo y materialista.

Después vino la nueva Ley Fundamental, 7 de febrero del mismo año, que adulteró el espíritu de la Constitución de 1940, estableciendo la pena de muerte, la retroactividad de la ley penal, la incautación de la propiedad privada sin la debida indemnización en efectivo, la modificación caprichosa de la nueva ley en el futuro y muchas nuevas y antijurídicas modalidades más. La nueva Ley

Fundamental fue aprobada, sancionada, promulgada y firmada en el Palacio Presidencial de La Habana.

El prelado Boza Masvidal circuló un boletín donde estudia detenidamente dos aspectos de la revolución cubana y expresa «que ya es hora de que cesen los fusilamientos y que las detenciones se ajusten a la Ley». «Hay que estar alerta contra el peligro comunista que sería el fracaso total de la revolución, porque sería caer en las ofensivas de las tiranías» (29 de abril de 1959).

En una circular policiaca fechada en agosto de 1960 que fue inspirada por el folleto que se hizo en la China comunista para aniquilar a la Iglesia, se ordena tener vigilancia a una serie de personas, entre ellos, a los sacerdotes Marcial Bedoya y Fernando Arango entre otros y muchos agrupados, Marino Pérez Durán, Manuel Suárez Carreño y Ruíz Leiro entre otros.

Miembros de la ACU y de la Acción Católica imprimieron la Pastoral Colectiva, que se repartió la propia tarde del domingo 7 y el domingo siguiente 14 de agosto de 1960. Varios de ellos fueron detenidos y se produjeron varios motines.

Castro prohibió la tradicional procesión de la Virgen de Nuestra Señora de la Caridad (8 de septiembre de 1960). El 12 de noviembre de 1960, en el acto celebrado en la escalinata de la Universidad de La Habana, el presidente de la Federación Estudiantil Universitaria, comandante Rolando Cubela, expresó que estaba disgustado con la Universidad de Villanueva y después leyó un documento acusando a su rector, Monseñor Eduardo Boza Masvidal, de contrarrevolucionario y a la Agrupación Católica Universitaria de actividades subversivas

El 27 de noviembre de 1960, Castro pronunció un violento discurso, acusando a los colegios católicos, la Universidad de Villanueva y algunos sacerdotes de manejar la contrarrevolución.

En enero de 1961, con el pretexto de una supuesta invasión, las milicias ocupan seminarios y varios centros de educación.

El 6 de enero de 1961, el padre Llorente y varios estudiantes agrupados son arrestados por milicianos como parte de un movimiento general de agresión a las instituciones católicas. Luego son dejados en libertad. En otra ocasión, algunas turbas revolucionarias intentan penetrar a la fuerza en el recinto social de la ACU pero fracasan.

El día 17 de abril de 1961 los milicianos llegan a la residencia jesuita media hora después de haberse ido el padre Llorente y arrestan a todos los allí presentes. El padre Barbeito cae preso acusado de recaudar fondos para la contra revolución ya que le encontraron con dos bolsas llenas de monedas procedentes de la venta de los folletos del buró de información y propaganda de la ACU. Monseñor Boza Masvidal fue uno de los primeros en ser arrestado y también fue acusado de lo mismo que el padre Barbeito, pues encontraron en su oficina medicinas y dinero producto de las colectas de Semana Santa. Ambos fueron conducidos al cuartel del G-2 en la 5ta Avenida y Calle 14 del reparto de Miramar, el cuartel de interrogatorio más temido en La Habana, donde estuvieron durmiendo en el suelo, privados de todo aseo personal, sometidos a interrogaciones constantes y a todo tipo de vejaciones y maltratos. El padre Barbeito estuvo dos días y Monseñor Boza diez.

Un gran número de agrupados llegaron con el desembarco de la Brigada de Asalto 2506, comenzando con dos que fallecieron, uno en el campo de entrenamiento, Carlos Rodríguez Santana y el otro Herman Koch Gene que muriera en el aire por las balas del enemigo. Los que quedaron vivos son: Pepín Almeida, Aurelio Pérez, Jorge Fleites, Marcelino Miyares, Nelson Carbonell, Salvador Miranda, Pablo Pérez, José Tuñón, Luis Diehl, Vicente Blanco, Wilfredo Figueras, José Landa, Manuel Artime, Emilio Martínez Venegas, José Basulto, Armando Acevedo, Javier Souto, Enrique Casuso, Fernando Trespalacios, Rafael Quintero, Jorge Giraud, Jorge Gutiérrez, Carlos Hernández, Manuel H. Reyes, Frank Bernardino, Ramón Machado y Ernesto Garriga.

La Universidad Católica de Villanueva fue ocupada y clausurada el día 2 de mayo de 1961. El 23 de mayo de 1961, para salir del país, se expide la autorización del padre Llorente. El 10 de junio el cónsul español, Jaime Capdevila llevó al sacerdote jesuita hasta la salida del avión con rumbo a Miami. Fueron a despedirlo inesperadamente tres agrupados, Juan Pereira, Manuel Barba y Danilo Gudz.

El día 10 de septiembre, miles de personas se congregaron en las afueras del templo de la Caridad en homenaje a la Virgen de la Caridad del Cobre. El G-2 disolvió a tiros la procesión. El joven Arnaldo Socorro, de la Juventud Obrera Católica, resultó muerto. La multitud gritó: «¡Viva Cristo Rey!», «Abajo el comunismo».

El agrupado monseñor Eduardo Boza Masvidal es expulsado de Cuba en el barco español «Covadonga», el día 17 del mismo mes. Salen con él rumbo a España 132 sacerdotes y religiosos y un obispo, 46 de ellos cubanos nativos, obligados todos a destierro forzado. Descubierto «que las barbas de Fidel ocultaban un rostro rojo», como decía el aviador Rafael del Pino Siero, al denunciarlo el 15 de abril de 1959.

«Bienaventurados los que sufren persecución por causa de la justicia, por ser justos, porque de ellos es el Reino de los Cielos».
San Mateo 5:10

La burla de Fidel Castro a la Religión Católica

Los primeros rebeldes que entraron en La Habana en enero de 1959 impresionaron al pueblo cubano y a la opinión pública del continente americano, con las medallas católicas y rosarios que llevaban en el pecho. El propio Fidel Castro, en sus comparecencias en televisión, cuidaba de tener siempre abierto el cuello de la camisa, para que todo el mundo advirtiera la medalla de la Virgen de la Caridad del Cobre, que colgaba de su cuello. Desde un principio se creó la imagen de un ambiente favorable a la religión, lo que en realidad era un falso cristianismo, para no despertar sospechas en el pueblo sobre los propósitos de implantar por el engaño, la traición y la coacción un régimen marxista totalitario.

El movimiento «26 de julio» había explotado con habilidad la presencia de varios sacerdotes en la Sierra Maestra, dando la impresión de que la lucha contra Batista nunca se transformaría en persecución contra la iglesia.

El 8 de enero de 1959 al llegar a la entrada del Colegio de Belén, su antigua escuela, Fidel Castro se bajó del tanque a la calle y besó la bandera que sostenían alumnos y profesores del plantel. Cosa que en realidad, él no sentía.

En la misma fecha, 8 de enero, el gobierno de la revolución, legalizó el Partido Comunista y al día siguiente reaparece el periódico *Hoy*, órgano oficial de la organización.

A pesar que había una apariencia de que Cuba gozaba de un estado democrático, abierto a todas las ideas políticas, se permitió primeramente que se organizara una campaña alfabetizadora por sacerdotes y profesores católicos, hasta que les fue prohibida por el gobierno, con la expulsión del reverendo padre Cipriano Cavero, capellán de la Sierra Maestra y 150 maestros católicos del campamento de Managua, por orden del Ministro de las Fuerzas Armadas. Esto sucede en abril de 1959.

La expulsión de los profesores católicos de los campamentos militares satisfacía los propósitos ocultos del gobierno al proyectar las bases de la ideología comunista entre los miembros del ejército rebelde. Había preocupación de Fidel Castro con el cristianismo. Fidel Castro en un vuelo a Brasil en abril de 1959, comentó al doctor José Ignacio Rasco, en un empeño de alejarlo de sus investigaciones, que él no era comunista porque tal ideología choca con Dios y con la Iglesia.

Asimismo, Fidel Castro, en un viaje de regreso a Cuba, el 7 de mayo del mismo año, le aseguró a José I. Rasco, otra vez, y al doctor Luis Conte Agüero que ni era comunista ni confiaba en ellos.

En contradicción, el gobierno comunista se quitó la máscara, se acabó la mentira de exhibición de falsa religión, lo que al comienzo se hizo resultó ser un engaño para demostrar que había significación cristiana donde los dirigentes de la revolución aparecían con medallas y crucifijos colgando en el pecho.

Se eliminó la invocación a Dios de la Constitución de la República, se anularon los títulos y se suspendió las calificaciones de la

Universidad católica de Villanueva. Prohibición de las festividades y procesiones cristianas como la Semana Santa, impidió programas de orientación religiosa, procedió al cierre de las escuelas católicas, profanación de numerosos templos, arrestos arbitrarios, acusaciones falsas, hostigamiento de líderes religiosos y defensores de la libertad religiosa. Y por último, desterrando a sacerdotes cubanos. El objetivo era diezmar severamente al clero católico y sembrar el terror entre la feligresía, testimonio de la falacia del gobierno marxista es la del padre Maximiliano Pérez, capellán del ejército rebelde y uno de los primeros en abandonar a Cuba en 1959.

El sacerdote relata como testigo presencial del hecho diciendo, «todo el que pasaba por el Estado Mayor, en el Cuartel Militar de Columbia, que trajera un objeto o imagen religiosa colgando o no tenía que depositarlo o dejarlo en el lugar. No se permitía el sentido cristiano a la vista».

Se impartían clases de la doctrina marxista-leninista, a partir de entonces, en el campamento militar de Managua, cerca de la Habana.

Por ese motivo es que la persecución religiosa se considera una violación de los derechos humanos.

Preludio del Congreso Católico, noviembre 1959. Maniobras y Malas Intenciones del Gobierno de Fidel Castro

El tema del Congreso Católico Nacional había captado y recogido el interés de toda la nación, del pueblo y del gobierno, de la prensa e incluso de las tendencias políticas y de opiniones más diversas. Preocupado Fidel Castro cuando se enteró que el Congreso Católico que se iba a realizar para contrarrestar el avance del comunismo y salvar a Cuba de la nefasta doctrina materialista y atea, se adelantó a las actividades de la iglesia, que el día 27 antes del inicio de los actos religiosos programados para el día 28, en represalia, Fidel Castro pronunció un discurso en la escalinata de la Universidad de La Habana tratando de sabotear e impedir su desarrollo, con la idea del enfrentamiento de los sentimientos religiosos y revolucionarios con la estrategia de la división ideológica.

Fidel Castro, aparentemente se manifestó solidario y respetuoso de los valores cristianos cosa que no corresponde a un hombre de la naturaleza despiadada, como él, que nunca practicó los mandamientos de Dios ni tampoco los de la iglesia y quien, como le confesó al sacerdote Amando Llorente, que él había perdido la fe. Luego, más tarde, se convirtió en el más atroz perseguidor de la Iglesia y en el más implacable enemigo de la religión, a pesar que recibió educación de los padres de la orden de San Ignacio de Loyola. Encarceló a sacerdotes y feligreses, atropellando los templos, burlando los objetos sagrados, maltrato de las monjas, fusilando a dirigentes seglares y expulsando del país a religiosos y sacerdotes nativos.

El día 28 de diciembre, cuando estaba el Congreso Católico Nacional en su apogeo, celebrando los actos religiosos correspondientes, en oposición se estaba efectuando una conferencia sobre «el hombre y el marxismo» en la Universidad de Oriente dirigido por Carlos Rafael Rodríguez.

Congreso Católico Nacional

Preocupado el arzobispo Enrique Pérez Serantes debido a la total incertidumbre en la nación cubana por la amenaza comunista, efectúa una reunión extraordinaria con dirigentes revolucionarios, asimismo, habló con sacerdotes y dirigentes católicos para alertar a los cubanos sobre la situación del país que se avecinaba un horizonte oscuro.

En la reunión, el ilustre religioso enfocó: «Hay que luchar contra el actual gobierno para que no se pierda la libertad, la democracia y no nos traigan la persecución religiosa». Para enfrentarse a esta situación, se organizó durante semanas y meses una gran concentración religiosa o sea, el Congreso Católico Nacional para que la militancia del cubano en favor de la patria se haga efectiva y positiva.

En otra ocasión, Monseñor Pérez Serantes ayudado por el padre Jorge Bez Chabebe publican varios folletos sobre la barbarie que se cometió en Budapest, Hungría en 1956, cuyos sentimientos refleja y recoge el martirio de los pueblos tras la Cortina de Hierro en aquel tiempo.

Celebración de la multitudinaria misa en la Plaza Cívica. El acto religioso más grande de la historia de Cuba

Cuando Fidel Castro asume el poder en Cuba, en 1959, el pueblo creyó que había un cambio político de una dictadura militar, ocasionada por un golpe de Estado, a un estado de libertad y democracia pero desgraciadamente no fue así.

Con la captación de los comunistas en la lucha contra el gobierno de Batista, militantes del partido, pasaron a las filas del ejército rebelde, y posteriormente, al triunfo de la revolución. En los primeros días de enero, el comandante Camilo Cienfuegos, en una entrevista realizada en el campamento Libertad, señala «que los comunistas tienen el derecho de legalizarse». Debido a esta situación, se hacía más evidente la fuerza del marxismo en las fuerzas armadas y en el Gobierno. Más aún, el 9 de enero, reaparece el periódico *Hoy*, órgano oficial del Partido Socialista Popular. Esta inquietud subió en temores cuando fueron eliminados de la dirección sindical, bajo la presión del gobierno, los líderes obreros católicos y reemplazados por comunistas, en el congreso pro Unidad de la clase trabajadora, celebrado en La Habana en noviembre del mismo año.

La duda de la Jerarquía Católica ante estos hechos motivó la organización del Congreso Católico Nacional que se celebró en La Habana los días 28 y 29 de noviembre de 1959. Con la visión y la clarinada de alerta de Monseñor Pérez Serantes asombrado ante el acontecer que venía precipitándose en la isla caribeña.

Llegada de la imagen de la Caridad

Desde su Santuario del Cobre, en la provincia de Oriente es traída la imagen en una urna de cristal que acompañaba Monseñor Enrique Pérez Serantes, obispo de Santiago de Cuba que llegó a la Plaza Cívica a las dos de la madrugada del día 28 de noviembre, entonándose a su arribo el Himno Nacional. Momentos después comenzó la misa de medianoche, acontecimiento que resultó ser la mayor concentración reunida en toda la historia de Cuba. Fue escuchada por más de 1 millón de personas, bajo una llovizna, brindando un acto de fe, que respondió a las consignas «¡Cuba sí, Rusia no! ¡Justicia Social sí, Comunismo no!».

Imágenes de la multitudinaria misa celebrada en la Plaza Cívica en ocasión del Congreso Católico Nacional. (Tomadas de la *Memoria del Congreso Católico*. Ponciano Impresores, S. Ignacio 254, La Habana, nov. 1959).

Clausura del Congreso Católico Nacional en el estadio de la Tropical. Manifestaciones de la Asamblea del Apostolado Seglar

Al comenzar la Asamblea del Apostolado Seglar se oyeron las voces que coreaban, ¡Caridad sí, Comunismo, no! Durante el evento, los doctores José Ignacio Lasaga, Mateo Jover y Clara Lucas Azcona, expusieron los temas, «Caridad y justicia social», «Caridad y amor a la patria» y «Caridad y fraternidad humanas».

Frases de Su Santidad Papa Juan XXIII

«La faz del mundo podría cambiarse si reinara la verdadera caridad, la del cristianismo que se une al dolor, al sufrimiento del desventurado, que busca para éste la felicidad, la salvación del él tanto como la suya. La del cristiano convencido de que sus bienes tienen una función social y de ahí que el emplear lo que le sobra a favor de quienes carecen de lo necesario no es una generosidad facultativa, sino un deber. La que encuentra siempre una manera nueva de probar el amor. La que brota del interior del alma. La de quien, con todas las fibras de su corazón, piensa bien, quiere el bien, hacer bien al otro, al prójimo, en cuya persona ve al divino Maestro. La convivencia humana y el orden social han de recibir su mayor impulso de una multiforme labor orientada por convicción de los miembros de la comunidad hacia el bien común».

Había llegado el momento de hablar y la Iglesia habló por boca de sus dirigentes clericales y seglares en presencia de todos los prelados de la nación. Aunque el gobierno de Castro se dedicó a demostrar que la predicación de la curia servía a intereses económicos y en contra de los principios del cristianismo. La realidad era todo lo contrario. La intención era salvar a Cuba de las garras del imperio brutal y materialista. Como decía José I. Rivero, «que el cristianismo es la única fuerza capaz de oponerse a la propaganda soviética».

El arzobispo de La Habana, Monseñor Evelio Díaz, pronunció breves palabras al iniciarse la misa. Después de celebrada la misa de medianoche, su santidad Juan XXIII pronunció desde el Vaticano un mensaje al pueblo de Cuba.

Dice el director del *Diario de la Marina* José I. Rivero en su editorial con fecha 27 de septiembre del mismo año 1959, «cada afirmación de la fe de Cristo robustece el frente interno cubano; posibilita el triunfo de los principios y las finalidades de una patria libre y sana y cierra el camino a la solapada penetración de las teorías exóticas que el bolchevismo difunde».

Fidel Castro no podía soportar el peso humillante de una gigantesca demostración popular como esa que no era para él sino para Dios, para la virgen y para Cuba libre y soberana; el gobernante se marcharía de la Plaza Cívica como se marchó Judas de la última cena para vender miserablemente a Jesús. Fidel Castro se marchó del Congreso Católico para iniciar como represalia en poco tiempo, la primera ofensiva castrista contra la Iglesia.

Monseñor Eduardo Boza Masvidal

Monseñor Enrique Pérez Serantes

Los prelados que denunciaron al comunismo ateo y materialista

Lo que dijo el doctor José Ignacio Lasaga, dirigente de la Agrupación Católica Universitaria

«Uno de los grandes objetivos del Congreso Católico Nacional era el recordar a todos los católicos cuál era el verdadero sentido de la caridad. Para el cristiano de corazón no es otra cosa que el amor a Dios y al prójimo. La caridad no se opone a la justicia social, sino que debe ser su complemento y su base. Donde hay amor al prójimo no puede haber odio de clases, ni discriminación racial, ni violación de derechos individuales, ni explotación del hombre por el hombre. Donde no hay inquietud profunda y eficaz por el bienestar del prójimo no habrá por otra parte verdadera caridad». En otra parte el doctor Lasaga señala «que el capitalismo liberal permitía que hubiera unos pocos propietarios frente a una multitud de desposeídos. El comunismo, y en general todo régimen totalitario socialista, convierte a todos los hombres en desposeídos, ya que existe un propietario único, que es el Estado. Un orden social ideal sería aquel que permitiera que todos los hombres en una u otra forma pudiesen, en la más plena aceptación de la palabra, sentirse propietarios».

Continuó diciendo el intelectual cubano, «queremos que toda Cuba oiga bien claramente este día, y sepa para siempre, que si la Iglesia en todas partes se opone a las ideologías del tipo comunista, no es por defender privilegiados injustos, que ella misma no podría aprobar sin negar sus más esenciales principios, sino por mantener la dignidad del hombre, de todo hombre, y por tanto la dignidad con la que se pretende crear un clima de hostilidad entre católicos, comunistas y revolucionarios en general».

La participación de la Agrupación Católica Universitaria

Aparte de la labor del doctor José Ignacio Lasaga en la Asamblea del Apostolado Seglar en la oratoria, Rogelio González Corzo, Juan Manuel Salvat, Manuel Barba y un sin número de jóvenes de la organización mariana participaron en el acontecimiento religioso como en la comisión del orden, en la venta de bonos para cubrir las necesidades económicas, los servicios de parqueo y todo lo que hubiera que hacer en beneficio de la obra del Congreso y con la idea de que fuera, una victoria de la religión frente a los desmanes del comunismo agazapado y odioso, desfilaron en la plaza cívica en señal de respeto y la admiración por la actuación del congreso en servicio de la iglesia de Cuba, miembros de la ACU, que entre ellos se pueden mencionar, Emilio Martínez Venegas, Ambrosio González del Valle, José Manuel Hernández, Jesús Permuy, Francisco René de la Huerta, José I. Rivero, José Ignacio Rasco, Juan Falcón y muchos más. Probablemente, hicieron acto de presencia en homenaje a la Caridad del Cobre, la patrona de Cuba, los agrupados, que más tarde, ofrendaron la vida en contra de la dictadura castrista.

Mateo Jover, dirigente católico, dijo en la asamblea plenaria, «los totalitarios, sean de derecha o de izquierda, van contra la ley natural que postula que el hombre ha nacido para desenvolver libremente su actividad dentro de las exigencias de las leyes morales y el bien común y no para ser esclavo de un estado totalitario».

Del discurso de Monseñor Alberto Martín Villaverde

Dijo entre otras cosas: «Pero en este siglo se ha querido educar a los pueblos sin Dios, y el resultado ha sido de terribles proporciones. Mirad, lo diré brevemente: en este siglo sólo existen, en resumen, dos filosofías: la filosofía del materialismo y la filosofía del reino de Dios. Se predicó el materialismo y se sembró el odio; nosotros predicamos el reino de Dios y sembramos el amor. Se predicó el materialismo y se sembró la injusticia y el atropello, nosotros predicamos el reino de Dios y sembramos la justicia y la caridad. Que escojan, pues, los pueblos, o el reino de Dios y ser hermanos con hermanos en justicia y amor, o el reino del más fuerte. O con Dios en el amor, o contra Dios en el odio. No hay término, la vida no permite el término medio. Hay que definirse totalmente y el pueblo católico de Cuba ha escogido. El pueblo católico de Cuba quiere ser un pueblo que tiene padre: Dios, y que no reniegue de su madre: la Virgen de la Caridad».

Monseñor Alberto Martín Villaverde resumió el acto, captando el espíritu por lo que se hizo el congreso para reavivar la fe católica y la preocupación de la iglesia y del pueblo en torno a la situación política que se veía venir, «nosotros con Dios en el amor o contra Dios en el odio».

El Congreso Católico Nacional pudo demostrar que hubo una gran fuerza emocional católica de los cubanos, pero era imposible una victoria ante el avance de los comunistas que ya tenía el control de las fuerzas armadas y otras dependencias, si no se tiene una fuerza superior que garantice la victoria de la religión y de la patria. Desgraciadamente, triunfó la infamia comunista, por el engaño y la traición. Poco después de terminada la asamblea, la imagen de la Virgen de la Caridad del Cobre, fue trasladada desde la Plaza Cívica hasta el aeropuerto de Rancho Boyeros, de donde partió rumbo a su santuario en Santiago de Cuba, en la provincia de Oriente.

El magno acontecimiento fue planeado en un sentido estrictamente religioso, con la intención de manifestar la fe cristiana de Cuba frente a las amenazas del comunismo ateo y totalitario.

Persecución Religiosa

Después del Congreso Católico Nacional, el régimen de Fidel Castro continuó las arbitrariedades y ofensas contra la Iglesia.

Al abandonar a Cuba los sacerdotes Ramón O'Farrill, Eduardo Aguirre y Maximiliano Pérez, a principios de diciembre de 1959, el gobierno de Castro comenzó una campaña concreta de descrédito en contra de los mencionados religiosos. El padre Ramón O'Farrill salió para los Estados Unidos al igual que los demás, pero el mencionado sacerdote habló en la Organización de Estados Americanos presentado un documento escrito del doctor Antonio Alonso Ávila, miembro de la ACU, sobre la violación de los derechos humanos y ante el Comité de Seguridad Interna del congreso americano dijo: «Fidel Castro es un agente del comunismo internacional para la penetración del comunismo en América», y en otra ocasión el padre Eduardo Aguirre declaró, «Fidel Castro sugirió que se fundase una iglesia nacional independiente de Roma. Eso es lo que hacen los países comunistas para dividir la iglesia y debilitarla».

En el mismo año 1959 se imprimió en China roja con destino a Cuba, un folleto en español que señalaba la estrategia que se debe seguir para aniquilar a la iglesia, según se hizo en la China de Mao con el mismo propósito. Los objetivos:

1. Establecer un buró para la administración para asuntos de la religión.
2. Expulsar a todo elemento del clero que se oponga a la nacionalización de la iglesia.

Con fecha 20 de enero de 1960, Fidel Castro describió al clero como dividido en alto clero y bajo clero. Acusó a las monjas norteamericanas y a las del Sagrado Corazón como contrarrevolucionarias.

El arzobispo de Santiago de Cuba, Monseñor Enrique Pérez Serantes, que un día salvó la vida de Fidel Castro, en un gesto de caridad, publica una carta pastoral en marzo 1960, *Por Dios y por Cuba*, denunciando la infiltración comunista, advirtiendo que «el enemigo está dentro».

Los ataques se reanudaron el día 7 de julio, con motivo de una misa que se ofreció por las víctimas del comunismo en la santa iglesia Catedral de La Habana. A la salida de la catedral los milicianos, previamente situados por orden del régimen, provocaron un grave incidente atacando a dos feligreses, quienes comenzaron a gritar: «Cuba sí, Rusia, no».

El día 18 de julio, se celebró una misa en la iglesia de Jesús de Miramar donde la milicia repitió la provocación que arrojó como resultado: un sacerdote y varias personas lesionadas, la detención de 18 feligreses, 12 de los cuales eran mujeres. Este propio día, Radio Mambí, órgano radial del partido comunista, atacó ferozmente al obispo Eduardo Boza Masvidal por el sermón pronunciado contra el comunismo. Fidel Castro, esa misma noche afirmó que una parte del clero era falangista.

El 8 de agosto el periódico *Revolución*, órgano oficial del régimen, atacó la iglesia con motivo de la pastoral firmada por todo el Episcopado donde se denunciaba «el creciente avance del comunismo en nuestra patria». El régimen comunista para impedir su divulgación, organizó grupos de milicianos y adictos para irrumpir en las misas, interrumpir los sermones y homilías. Esos mismos milicianos amenazaban físicamente a los católicos que no hiciesen pública profesión de fe revolucionaria.

Como respuesta a la pastoral de los obispos, el régimen constituyó una organización pantalla denominándola «Con la Cruz y con la Patria», la organización calificó a la pastoral como «tendenciosa y traicionera».

El 9 de agosto con motivo de celebrarse en la Catedral de La Habana la misa del día del párroco, la misma turba armó un escándalo a la salida del templo, obligando a los asistentes y al obispo auxiliar, Monseñor Boza Masvidal, a permanecer largas horas allí. Fueron detenidos los padres Agnelio Blanco y Fernando Arango SJ.

Con motivos de la pastoral colectiva, miembros de la Agrupación Católica Universitaria y de la Acción Católica imprimieron la pastoral colectiva que se repartió la propia tarde el domingo siete y el domingo siguiente. Varios de ellos fueron detenidos y se produjeron nuevos motines. Sucedieron otros incidentes, como el que resultó herido de bala del sacerdote jesuita Marcial Bedoya.

En el mes de septiembre fueron cerrados todos los programas católicos de radio y televisión. Con motivo del fusilamiento del dirigente estudiantil Porfirio R. Ramírez, la Universidad católica de Villanueva declaró el 12 de octubre, duelo estudiantil por tan horrendo crimen y apareció un crespón negro en señal de recordación. En ese tiempo, Roberto Borbolla, era miembro de la Agrupación Católica Universitaria y destacado dirigente de los estudiantes de la mencionada universidad.

El comandante Rolando Cubela acusó el día 12 de noviembre de 1960, desde la escalinata de la Universidad de La Habana a Monseñor Eduardo Boza Masvidal y a la Agrupación Católica Universitaria de actividades contrarrevolucionarias. El día 23 de ese mismo mes Fidel Castro haciendo alusión a la carta pastoral «Con Cristo o contra Cristo», dijo que las pastorales estaban dando el arma ideológica a las manos asesinas de la contrarrevolución.

En la pastoral «Roma o Moscú», el arzobispo Pérez Serantes calificó al comunismo «como un sistema político social, abiertamente irreligioso, terriblemente temible para el que teniendo algo que perder, tiene también la suerte de conocerlo suficientemente». En otra parte, Monseñor Pérez Serantes señala «que el comunismo es, para decirlo con palabras del sapientísimo León XIII, un virus mortal que serpentea por las entrañas de la sociedad humana y la conduce al peligro extremo de la misma».

En diciembre de 1960, el cardenal Manuel Arteaga y el Episcopado cubano, dirigieron una carta pública a Fidel Castro que entre otras cosas decía: «a pesar de sus repetidas declaraciones sosteniendo el carácter no comunista del gobierno, nos consta que los textos del adoctrinamiento revolucionario dan énfasis a ciertos problemas históricos y filosóficos con un criterio profundamente marxista. Ha comenzado una campaña anti religiosa de proporciones nacionales y cada día se hace más virulenta».

A lo último de la carta pastoral, se recuerda a Fidel Castro y su gobierno, que la Iglesia ha enseñado siempre como una norma fundamental de conducta humana la primacía de los valores espirituales sobre intereses de orden materiales.

Varias escuelas católicas son intervenidas por el gobierno el 14 de febrero de 1961. Fidel Castro acusa a la Iglesia Católica el 4 de marzo de 1961 de «ser la quinta columna de la contrarrevolución» y le dice a los sacerdotes españoles que se vayan para España. Comienzan las amenazas individuales y colectivas contra el padre Cuevas, en Baracoa, Oriente, contra los hermanos Maristas, en Cienfuegos, el colegio Dolores en Santiago de Cuba y a los colegios de Belén y la Salle, en La Habana.

Semana Santa en Cuba de 1961, 26 de marzo al 2 de abril; Jueves Santo, 31 de marzo

Las milicias y las turbas dirigidas por ellos impidieron la tradicional escenificación de la Pasión de Cristo en la ciudad de Güines en la provincia de La Habana deteniendo la fuerza pública a sus participantes. Puestos a disposición de los tribunales revolucionarios de La Habana, como responsable de los sucesos ocurridos el pasado Viernes Santo, en la ciudad de Güines, los católicos Israel Hernández, Luis Miguel Romero Álvarez, Pedro F. Peña, Fructuoso Pérez Aguiar, Ángel Nora Roviero, Francisco Pérez Hernández, Clemente González Calvillo, Enio del Castillo Pérez, Rolando Cabrera Rodríguez, Rufino Rodríguez Albizu, René Rodríguez Albizu y Domiciano Jask Duque.

Otro hecho que sucedió. El comandante del ejército rebelde y expedicionario de la embarcación del Granma, Raúl Díaz Torres, descontento ya con la trayectoria política de Fidel Castro, se une a los festejos religiosos y se quita la insignia de los galones. De inmediato, es detenido y liberado posteriormente. A partir de entonces, es considerado enemigo del comunismo y aliado de la Iglesia.

El 7 de enero de 1959 el Comandante Días Torres, le dice a su tío político Aurelio Hernández, «que Cuba iría al comunismo». Tuvo discusiones con los marxistas y sabía las intenciones de Fidel Castro desde los días que estuvo en México como exiliado político.

Un hombre que pasaba por el sanatorio Hijas de Galicia, frente a la iglesia La Esclava en el barrio de Luyanó, escucha una ofensa y blasfemia a la Virgen María en la voz de un miliciano que estaba cuidando el lugar. Ese hombre cristiano que venía de rezar en la iglesia, se escandalizó y respondió al individuo de uniforme. El miliciano impaciente, trató de arrestarlo, pero el hombre creyente se dio cuenta y huyó rápidamente (1961-1962).

El 17 de abril de 1961, tomando como pretexto y justificación el intento de invasión, se allanaron las iglesias, las instituciones y los colegios católicos. Se destrozaron sagrarios, se realizaron actos sacrílegos, se derribaron imágenes, los sacerdotes fueron detenidos y las monjas retenidas en sus propios recintos. Después de terminada la obra de terror, algunas iglesias fueron clausuradas y convertidas en almacenes. Los locales de las instituciones religiosas se transformaron en puestos de milicias.

En algunos lugares de Cuba, las imágenes de santos fueron a parar en los cestos de basura por la pasión fidelista. En la Quinta La Dependiente, había un cuadro de la Purísima Concepción de María y fue reemplazado por otro de Fidel.

La revista *Bohemia* (Cuba) publicó una foto de Fidel Castro haciendo una interpretación diabólica de Cristo. Esto es calificado como un burla y una blasfemia a Dios, a la Iglesia, y a las feligresía católica en la figura del Divino Mesías de Galilea. La imagen de un Fidel divinizado era parte de un plan elaborado en la Sierra Maestra para confundir a los creyentes en la religión. El escrito ofensivo fue obra del periodista Mario Kuchilán, en las primeras ediciones de *Bohemia* de 1959.

En mayo de 1961, tres monjas de los primeros religiosos expulsados por el régimen a quienes se les ha ordenado salir de Cuba como parte de una campaña de Fidel Castro, 18 sacerdotes de la orden de San Agustín, 10 de ellos norteamericanos tratando de salir de Cuba. En el mismo mes, en un despacho de Baracoa, en Oriente, según el cual la policía y el G-2 allanaron la iglesia de Nuestra Señora de la Asunción y las habitaciones de tres sacerdotes en la misma iglesia, se prepararon para salir del lugar con destino a La Habana y después abandonar en el país.

Después de todo el daño que Fidel Castro le ha hecho a la Iglesia, de clausurar y saquear los templos en Cuba, de encarcelar al obispo Boza Masvidal, detener a centenares de sacerdotes, y enviar a otros al exilio, profanación de claustros y atropellos de monjas y feligreses, procedió a la nacionalización de los colegios privados y la Universidad católica de Villanueva fue ocupada al día siguiente. Los sacerdotes extranjeros fueron expulsados.

El 25 de mayo se inicia un éxodo de los hermanos de la Salle, así como de otros grupos de religiosos y religiosas, al desaparecer los colegios no tenían donde vivir o cómo poderse mantener, y en agosto sale para España un número considerable de sacerdotes, en gran parte miembros de órdenes religiosas.

El día 6 de junio de 1961 se consolidó legalmente el despojo de las escuelas religiosas, dictando una ley en virtud de la cual el Estado se adjudicaba, sin indemnización, todas las escuelas privadas, declarando pública la función de la enseñanza y orientada mediante la integración unitaria del sistema educacional.

El día 8 de septiembre, con motivo de la celebración de la fiesta de la patrona de Cuba, la Virgen de la Caridad del Cobre, Fidel Castro prohibió la celebración de fiestas y manifestaciones religiosas como era tradición en Cuba. El domingo 10 de septiembre, a petición del obispo Monseñor Eduardo Boza Masvidal, el Ministro del Interior concedió un permiso para que se conmemorara la festividad religiosa de la Caridad del Cobre dentro de la iglesia, en La Habana. Fue tan concurrida que la multitud, no cupo dentro de la iglesia y ocupó varias manzanas alrededor de la iglesia. Este hecho provocó la actuación represiva del régimen, con la presencia del comandante Ramiro Valdés, con un gorro ruso que llevaba la insignia de la hoz y el martillo, disolvió a palos y a tiros la manifestación religiosa del pueblo cubano, resultando varios heridos y un muerto, Arnaldo Socorro de 20 años. Un capitán del ejército rebelde de la cuarta estación de policía, en Dragones y Lealtad, en la iglesia de la Caridad, en presencia de una multitud, se arrancó los galones y fue a la sacristía, depositó su arma no queriendo hacerse responsable de aquellos atropellos. Fue cargado por el público, como una victoria frente al comunismo ateo. Asimismo, hubo testimonios que relatan que un miliciano de apellido Ramos que se adhirió al homenaje de la Virgen de la Caridad rompiendo con la dictadura, tenía una hermana, que luego, se convirtió en presa política por conspirar en la organización clandestina «30 de noviembre».

El agrupado Monseñor Eduardo Boza Masvidal es expulsado de Cuba en el barco español *Covadonga*, el día 17 del mismo mes. Salen con rumbo a España 132 sacerdotes y religiosos, 46 de ellos cubanos nativos, obligados todos al destierro forzado.

Después del 10 de septiembre de 1961 Agustín Villegas, el autor de esta obra, tenía un paquete de proclamas mimeografiadas, de papel largo, que elaboró la organización anticastrista «30 de noviembre», donde condenaba el crimen cometido por el gobierno comunista en la persona de Arnaldo Socorro, cuando iba portando un cuadro de la Virgen Santísima, por las calles de Salud y Manrique, el domingo 10 de septiembre de 1961, a las 7:20 P.M. en la capital habanera.

Con el paquete de proclamas Agustín Villegas se marchó y se dirigió a la iglesia de San Juan Bosco, en el barrio de Santos Suárez, y de ese lugar salió para la calle San Bernardino entre Rabí y San Indalecio para ver a una señora, amiga de confianza, que vivía al lado de la clínica Santa Clara en Rabí entre San Bernardino y Cocos. La mencionada señora vivía con su esposo e hijo. Ella le hizo un gran favor a A.V. que se lo agradecería eternamente, cuando por unos días lo albergó en su casa, arriesgándose a ser detenida ella y su familia. La conducta de la mujer fue valiente y decidida, sin importarle las consecuencias.

A.V. salió del lugar, llevando el paquete de propaganda anti castristas y dejó caer algunas proclamas en las calles de San Bernardino entre Rabí y San Indalecio, en la misma localidad donde vivía la buena y servicial amiga. En ese momento, A.V. se dirigió hasta la calle Santos Suárez y se encontró con el sargento de la policía, de apodo «Yuyu», cerca del salón social Curro Henríquez. Este le dijo al joven A.V. que al grupo de la organización a la cual pertenecía los habían arrestado y A.V. se lo creyó. Siendo una equivocación, o tal vez mala intención del policía.

A.V. regresó a su casa, almorzó rápido, pues estaba preocupado por el supuesto arresto de los compañeros de lucha clandestina, y de inmediato salió para la calle. En ese momento, caminaba un hombre mayor, canoso, con un perrito blanco, y vio algunas propagandas en la calle y las recogió. Al parecer, el hombre era simpatizante de la revolución y aprovechó la situación para denunciarlo al comité de defensa de la revolución más cercano. Siendo llevado A.V., en calidad de detenido a ese lugar, y, conducido a las 11 a la estación de policía, donde A.V. vio al grupo que estaba preso, y que no era parte de la organización a la que él pertenecía. Se calmó y le entró un alivio tremendo. Gracias a Dios.

En la tarde de aquel día, A.V. es llevado al Departamento Técnico de Investigaciones, policía secreta, en Chacón y Cuba. Fue acompañado por otro hombre que se embriagó y se puso hablar mal del gobierno y un miliciano se lo llevó preso y lo acusó. En el calabozo les dieron arroz con huevo en un plato plástico, sin cubiertos, comiendo con las manos. Fueron transportados en un automóvil al G-2, en Quinta y 14 en Miramar.

Era de noche, A.V. fue llevado a un cuarto pequeño y estrecho, siendo fotografiado de perfil solamente y le tomaron las huellas digitales. Al momento, A.V. es conducido a un ropero donde le registraron los bolsillos, siéndole sustraída una estampita de San José de Calasanz, fundador de las Escuelas Pías y en ese instante, le pusieron a A.V. una camisa de color azul. Antes de llegar a la cena, de arroz con huevos, sin cubiertos, un hombre alto, de pelo negro joven, se dirige A.V. y le dice, «Aquí tú te haces un hombre», es decir, que no había esperanza de salir pronto. Esas palabras del compañero preso aterrorizaron a A.V. porque él pensó que la detención era por unos días. Según lo dicho por hombre, A.V. y todos los que estaban allí irían a ser condenados a largas pena de prisión.

En el lugar o cuarto por lo menos se encontraban 30 hombres, que frecuentemente iban a la entrevista y regresaban decepcionados porque decían que iban a ser trasladados a La Cabaña. Pero días después el teniente toca a la puerta del cuarto de los presos y A.V. fue llamado. Para sorpresa de él, en el lugar se encontraban su madre y una hermana. Parece que la madre conmovió con sus palabras a la oficial que se dirigió a él, y le advirtió que la próxima vez, que fuera arrestado, iría para La Cabaña.

A mediados del mes de abril de 1962, en Santiago de Las Vegas, en ocasión de celebrarse el Viernes Santo ocurrió un hecho contra la religión. En horas de la tarde se celebró una solemne función litúrgica, rezo de la Pasión, adoración de la Santa Cruz y Comunión general. Terminada ésta se oyeron rumores de que se había suspendido el Santo Rosario y el Vía Crucis para evitar las provocaciones de que habían sido objeto por culpa de los comunistas, los cuales estaban empeñados en horas tempranas en formar disturbios en la población.

A las luces del templo apagadas se sintieron gritos de ¡Viva Cristo Rey! inmediatamente la concurrencia cantó el himno de Cristo Rey. Después un grupo de personas congregadas procedieron a sacar la procesión cargando con la imagen de la Dolorosa. Al salir de la iglesia estaban por fuera los cuerpos represivos, el G-2, los milicianos, jóvenes comunistas, miembros de los comités de defensa y otros, los cuales se lanzaban contra los católicos allí presentes ante la imagen de la Virgen, la cual fue destrozada, golpeada salvajemente con bayonetas. Entonces llegaron camiones del gobierno y se llevaron más de 100 personas detenidas, las cuales fueron vejadas y maltratadas por los esbirros de la tiranía roja.

Información Católica Cubana. Boletín del Comité de Católicos Cubanos en el Exilio, director Miguel A. Suárez, marzo-abril de 1964

La Navidad de 1963 fue pobre, carente de espíritu religioso. El pueblo de Cuba no vio, cómo era de costumbre, adornadas sus calles, sus tiendas y sus edificios públicos con motivos cristianos de la festividad que se conmemoraba. No se oyeron los acostumbrados villancicos y los programas habituales por radio y televisión; era difícil encontrar tarjetas con motivos de lo acaecido en Belén; la escasez de sacerdotes limitó extraordinariamente las misas de gallo y las celebraciones pascuales. El verdadero espíritu de navidad parecía haberse evaporado. Aquel ambiente de alegría, de paz, de gratitud, de caridad, de unión hogareña, de felicidad en fin «Por habernos nacido un salvador» no se palpaba en la nación, cuyas familias están separadas, física o espiritualmente, por la muerte, la cárcel, el exilio, o el sectarismo rojo.

Aquella Semana Santa donde todo el pueblo se desbordaba en las iglesias, donde suspendían todos los espectáculos, se transmitía solo música sacra, se palpaba el recogimiento y el respeto hacia la pasión. Asimismo, como la procesión del Santo entierro, en el barrio del Vedado, La Habana, y alrededor del noviciado de los padres jesuitas, todos los Viernes Santos.

En la publicación católica *The Voice* con fecha junio 7 de 1968, el obispo Boza Masvidal reportó que en aquel tiempo un grupo de muchachas se dedicó a recoger a los niños en sus casas para llevarlos al catecismo y fueron arrestadas acusadas de actividades religiosas fuera de la iglesia, lo que va contra la ley.

A pesar de la persecución de que ha sido víctima la Iglesia, existe un aumento de casamientos y de bautismos y las confirmaciones, aunque han disminuido las misas por la carencia de sacerdotes disponibles para los servicios religiosos. Aunque la Iglesia perseguida y negada sigue en pie porque vive y está alimentada por Nuestro Señor Jesucristo que ha resucitado y es Hombre verdadero.

Sólo se permite poca enseñanza del catecismo dentro de las iglesias y a horas determinadas para un clero de pocos sacerdotes para la asistencia espiritual de mucha feligresía.

Los sacerdotes que aún quedan mantienen una sólida solidaridad entre ellos. Cumplen fielmente con el apostolado seglar y en obediencia a sus obispos.

Lo que dicen los Papas sobre el comunismo ateo y materialista

En 1878, el papa León XIII, definió al comunismo como «la plaga fatal que se infiltra en la médula de la sociedad humana, sólo para acarrear una ruina».

Lo que dicen los documentos de los papas Pío XI y Pio XII sobre el comunismo está definido como un sistema lleno de errores y sofismas que contradicen a la razón y a la revelación divina, subversivo del orden social, desconocedor del verdadero origen de la naturaleza y del fin del Estado, negador de los derechos de la persona humana, de su dignidad y su libertad.

El Papa Paulo VI fustigó a los perseguidores modernos que empujan a los cristianos a las catacumbas modernas de los países gobernados por ateos. Con referencia al régimen cubano, señaló: «Nos duele ver que en muchos países que estimamos y amamos honradamente, las afirmaciones de libertad, marchan unidas a la supresión y el sofocamiento de la libertad religiosa y de la educación libre de pueblos e individuos».

Pio XI dijo que el comunismo ateo, el 19 de marzo de 1937, que en su finalidad destronan el orden social y socavan los verdaderos fundamentos de la civilización cristiana calificándolo como un azote satánico que promueve en el mundo entero diabólica propaganda.

«No se puede ser cristiano y materialista.
No se puede ser creyente y ateo».
Su Santidad Juan Pablo II,
Diario Vaticano, *L'Observatore Romano*, 1946

> «*Socialismo es peor cura que la enfermedad en sí*».
> Su Santidad Juan Pablo II

«Ahondando ahora en esta reflexión y haciendo referencia a lo que ya se ha dicho en las encíclicas <u>Laborem exercens</u> y <u>Sollicitudo rei socialis</u>, hay que añadir aquí que el error fundamental del socialismo es de carácter antropológico. Efectivamente, considera a todo hombre como un simple elemento y una molécula del organismo social, de manera que el bien del individuo se subordina al funcionamiento del mecanismo económico-social. Por otra parte, considera que este mismo bien puede ser alcanzado al margen de su opción autónoma, de su responsabilidad asumida, única y exclusiva, ante el bien o el mal. El hombre queda reducido así a una serie de relaciones sociales, desapareciendo el concepto de persona como sujeto autónomo de decisión moral, que es quien edifica el orden social, mediante tal decisión. De esta errónea concepción de la persona proviene la distorsión del derecho, que define el ámbito del ejercicio de la libertad, y la oposición a la propiedad privada. El hombre, en efecto, cuando carece de algo que pueda llamar «suyo» y no tiene posibilidad de ganar para vivir por su propia iniciativa, pasa a depender de la máquina social y de quienes la controlan, lo cual le crea dificultades mayores para reconocer su dignidad de persona y entorpece su camino para la constitución de una auténtica comunidad humana».

Su Santidad Juan Pablo II,
Carta Encíclica, *Centesimus Annus*, 1 de mayo de 1991

Y por último, tras la persecución religiosa tenaz y brutal recordemos las palabras del obispo Eduardo Boza Masvidal, cuando dijera: «Nos habrán destrozado tal vez muchas cosas muy queridas y habrán trastornado el rumbo o la orientación de nuestras vidas, pero nuestro camino hacia Dios no lo puede trastornar nadie». Señaló también, el religioso ejemplar, «que el cristianismo y el comunismo son dos formas de pensamiento totalmente distintas, que brotan de un concepto filosófico de la vida completamente diferente».

Clamor de los mártires

«Semilla gloriosa esta ACU que vence el tiempo, la distancia, la persecución, la cárcel y la muerte, porque nuestros presos y nuestros muertos están aquí, son meta, norte, ejemplo y motivo de nuestro cuerpo místico. Nuestra avanzada más gloriosa pisó y pasó el umbral de la eternidad gloriosa gritando, ¡Viva Cristo Rey!, nuestros mártires abrieron las puertas del Cielo con llaves de plomo. Nuestros presos nos dan ejemplos sublime con su consagración y su vida».

Dr. José Rouco,
Apertura de la Convención de la ACU en Atlanta, 1963

Ideario de Cuba Libre y Democrática

Primero: aspiramos a la caída del sistema comunista en la patria de Martí.

Segundo: queremos una Cuba espiritual sobre lo material.

Tercero: queremos una Cuba santa en la que impere el derecho a todo ser humano, sin distinción de credos ni razas.

Cuarto: deseamos que todo ser humano sea digno del respeto de sus conciudadanos.

Quinto: queremos una patria feliz y próspera, en la cual reinen las primicias de los valores espirituales.

Sexto: deseamos una patria demócrata, socialmente cristiana en la cual inspire los derechos al hombre y a un destino mejor.

Séptimo: debemos admitir que la Cuba del futuro necesita de todos sus hijos, sin distinción de credo político o religioso.

Octavo: debemos exponer que la Cuba libre necesita una labor cristiana, como por ejemplo la necesidad del campesinado a cultivar su propia tierra para el engrandecimiento y progreso de la nación.

Noveno: exponemos que no creemos en ningún extremismo, sea de «derecha» o de «izquierda».

Décimo: debemos admitir que la Cuba del futuro necesita un programa de orientación democrática y cristiana.

Décimo primero: queremos dejar expuesto que la Cuba libre necesita una reforma agraria y una reforma urbana de carácter cristiano y demócrata.

Décimo segundo: debemos señalar que a la caída del comunismo debemos abolir el terrible «paredón» maldito y satánico, que tantas vidas humanas ha segado para siempre por defender a Dios y a la patria.

Décimo tercero: deseamos que la luz de Cristo ilumine nuestro sendero de amor al prójimo y a los principios que un día patrióticamente nos trazara José Martí.

Décimo cuarto: deseamos que la santa señal de la iglesia católica, inspirada por el «Espíritu Santo», nos señale a guardar los valores espirituales.

Décimo quinto: creemos en el nombre de Dios en la Constitución de 1940.

Décimo sexto: queremos una Cuba cordial, con todos y para el bien de todos, como nos enseñara nuestro apóstol José Martí.

Este ideario de Cuba libre y democrática se ha hecho con la intención de honrar la voluntad de los mártires, de los presos, del pueblo de Cuba, de Dios y de la Iglesia.

A manera de epílogo

Una hazaña encuadernada

El libro que ahora terminas de leer no es un libro cualquiera: es una hazaña encuadernada, es una obra que ha requerido de una consagración total de parte de su autor, una consagración de muchos años, sustentada en un riguroso concepto del deber, ése que pide cuentas a la conciencia propia y se transforma, al largo de la vida, en el juez más severo que nadie enfrentar pudiera. Y no exagero, no. Es que tengo la suerte y el orgullo de conocer la génesis y el desarrollo de *Héroes de Cuba, Mártires de Cristo (Una historia de la ACU)* y de conocer también a su creador, Agustín Villegas.

Villegas nació el 13 de julio de 1944, es habanero y recibió su formación católica en «La Milagrosa», la parroquia de su barrio, Santos Suárez. Esa formación la amplió él mismo, de *motu proprio,* leyendo unos folletos sobre tópicos importantes en materia de fe, que, en la década de los 50 del pasado siglo, publicaba la Agrupación Católica Universitaria, grupo de laicos orientado por los jesuitas del muy reconocido Colegio de Belén.

Más tarde, ya en Miami, Villegas obtuvo sendos *bachelors* en Educación Religiosa y en Filosofía, en la prestigiosa Universidad Internacional de la Florida. Su labor periodística ha sido premiada por el Colegio Nacional de Periodistas de la República de Cuba en el Exilio y por el Liceo Cubano en Miami.

Como todo católico bien formado, Villegas siente, desde niño, una especial veneración por los mártires de la fe, hombres y mujeres que, a lo largo de los siglos han dado sus vidas en defensa de los postulados del crucificado del año 33. Lejos estábamos los católicos cubanos de los turbulentos años 50, de imaginar siquiera que tocaría también a nuestra Iglesia el triste privilegio de aportar a la historia del cristianismo una notable cuota de mártires, cubanos cuyo concepto de la justicia tuvo como fuente el Evangelio de Jesucristo, el cual los impelió a luchar en contra del totalitarismo comunista impuesto en Cuba por Fidel Castro y sus cómplices.

Villegas, exiliado desde 1962, fue impelido también por su fe y su amor a Cuba y así fue que tras haber participado personalmente, en la Isla, en las luchas del clandestinaje anticomunista, dedicó largos años de trabajo en Miami, a la recopilación de datos sobre la experiencia vital de los doce mártires cuyas historias recoge esta obra... contactos con los familiares y amigos, recopilación de datos aparecidos en periódicos y revistas de la época, así como entrevistas a testigos de los hechos que aquí se narran y a participantes en los mismos que sobrevivieron para que los ejemplos de valor, fe y patriotismo no fueran olvidados. Nuestro amigo se impuso esta misión y la ha cumplido extraordinariamente bien.

De esa forma, el autor nos presenta una obra bien redactada, hilvanada con amenidad y abundante en detalles. Una obra que nos era necesaria y que se hará indispensable para los que en el futuro quieran echar una mirada certera sobre la cruda historia de la Cuba esclavizada por el castrato.

Como el simple cubano que soy quiero agradecer a la Agrupación Católica Universitaria, que revive en el destierro los méritos que le ganaron prestigio y reconocimiento en Cuba, su decisión de publicar este valioso libro. Y gracias, desde luego, al autor de la hazaña, a ese católico comprometido y cubano extraordinario que responde al nombre de Agustín Villegas.

Sus compatriotas y contemporáneos estamos en deuda con él y las generaciones de cubanos que continuarán tras nosotros, haciendo y descubriendo la historia de nuestro pueblo, lo estarán aún más.

Felicitaciones, Agustín Villegas. Y mil gracias por tu trabajo.

Julio Estorino

Apéndices

Presidio político de algunos agrupados

CONSAGRACION A CRISTO REY DEL GRUPO DE PRESOS

Presidio de Isla de Pinos.

Querido P. Llorente:

Por motivos que Ud. conoce, nos es imposible mantener comunicación frecuente pero por difícil que sea queremos por esta vez que tenga noticias directas de nosotros.

En la A.C.U. aprendimos que dondequiera que esté un agrupado allí está la Agrupación, y queremos que sepan nuestros hermanos del exilio, que aquí en las Circulares del Presidio de Isla de Pinos, existe una Agrupación porque hay agrupados.

Cuando llegamos a la Isla nos llevaron al Pabellón, y lo primero que nos llamó la atención de una pared escrita, fué el signo de las C.C.M.M. y debajo el nombre de todos los Agrupados que por allí habían pasado; desde aquel momento nos sentimos en familia.

En las Circulares nos reunimos los miércoles para nuestro Círculo de Estudios sobre instrucción religiosa; los sábados para el Círculo de Formación y después celebramos solemnemente la Guardia Sabatina a Nuestra Santísima Madre. El domingo en la planta baja asistimos a la oración dominical en sustitución de la Santa Misa a la que no podemos asistir. Todos los días el Santo Rosario, como acostumbrábamos y con el ejemplo hemos logrado que se difunda el rezo por casi todas las circulares.

Nuestro pequeño grupo de Postulantes se forma con esmero esperando el momento que Dios quiera para pasar a Congregantes.

No olvidamos, Padre, el Apostolado del ejemplo, y estamos conscientes de nuestra responsabilidad en este estrecho círculo. Así damos Conferencias de Castidad, Prematrimoniales, charlas a los futuros jocistas, charlas sobre Cooperativas, Formación Moral y estamos dispuestos a cooperar con todos los que soliciten nuestra ayuda. En los periódicos de las circulares, también cooperan Agrupados.

Para la Semana Santa nos preparamos con tres días de Ejercicios Espirituales, con las limitaciones del medio en que vivimos. El Viernes Santo fué conmemorado con un Vía-Crucis de El Calvario quisimos fuera copia de aquél.

No abandonamos la Enseñanza y así nuestro Apostolado tiene un amplio campo dando clases diarias en nuestra Escuela de Primera Enseñanza, donde cooperan otros católicos, a más de 100 alumnos. Hacemos nuestra Semana de Sacrificio voluntario en que ofrecemos sacrificios constantes y especiales por nuestros hermanos que recién capturados son sometidos por el Gobierno a "tratamientos especiales" o a juicios graves.

Por último, P.Llorente, queremos agradecer todas sus oraciones y las de nuestros hermanos Agrupados, que sabemos nos tienen siempre presentes. Estamos conscientes de nuestro ESTO VIR y si Dios y su Santísima Madre nos ayudan no flaquearemos.

Sabemos que podemos morir en cualquier momento, pues están dinamitadas las circulares, pero si Dios nos da esta Gracia de ir junto a nuestro Rogelio, Juanín y demás hermanos que están en la Iglesia Triunfante, estaremos tranquilos y dichosos porque sabemos que nuestros hermanos Agrupados harán realidad el Reinado de Cristo en Cuba.

(firman la carta 43 AGRUPADOS)

Carta de Alberto Muller Quintana a sus padres

Diáspora
Isla de Pinos

Queridos padres,

Después de 4 años de presidio, bien pudiera pensarse que estos años de mi juventud se han ido consumiendo entre barrotes, bayonetas y bartolinas. Pero qué injusto fuera conmigo mismo, si así lo pensara. Es cierto. He vivido 4 años entre barrotes, golpes indiscriminados de bayoneta y en aislamientos transitorios de bartolina. Pero hay algo más: he conocido vida. Me he conocido a mí mismo, he comprendido lo que es ser hombre, he conocido y palpado sus pasiones en el cotidiano bregar de tantos días. He sentido con profundidad incalculable muchas ausencias: la ausencia de Uds., y la ausencia de amigos, de familiares. Y todo esto, lo confieso, me ha hecho sentir útil. Un hombre no puede defender con delicadeza lo que ama y lo que siente, sino en el combate fiero y con rebeldía incansable. Cuando se defienden ideas justas, el sacrificio no puede ser a medias, tiene que ser extremo y decidido. Tanto Juanito como yo estamos divinamente contentos, satisfechos, dichosos. No vacilaremos en lo que tengamos que seguir sufriendo por nuestra amada y agonizante Cuba. Uds., con el ejemplo de una vida, nos enseñaron lo que es la entrega absoluta y el sacrificio constante. No me arrepentiré de lo que sufro jamás, y de lo que tal vez todavía me toque sufrir. Cristo nos legó el sublime camino del calvario y la alegría de vivir.

Comprendo vuestros sufrimientos y los comparto. Dichosos debemos sentirnos de ser los escogidos para morir en la cruz todos los días. Y cuando en una noche de muchas tinieblas, nos sintamos algo faltos de fe, como Santo Tomás pensemos en el ejemplo de Jesús, ya moribundo con las espinas clavadas en el cráneo, con sus llagas ardiendo de dolor: «Perdónalos Señor, que no saben lo que hacen».

¡Qué frase tan sublime, qué enseñanza! No pensemos tanto en nuestro dolor y miremos un poco más al dolor moral de nuestros enemigos. Amemos al prójimo.

Les confieso que si no padecería estos enormes sacrificios no me sentiría hombre, ni útil, ni feliz. Compartan ustedes conmigo la dicha de sufrir.

Los estudios no los he abandonado. Al contrario. Estoy en la segunda parte del curso de francés: ya leo y converso bastante este idioma. Sigo dando clases de inglés como profesor. Ahora me estoy leyendo la historia de Grecia. Contéstenme si ya leyeron los tres primeros cuentos que escribí en el presidio. Ahora envié al Gordo los dos últimos, uno de ellos lo dediqué a mi Padre. Tengo en perspectiva seguir trabajando en esto, pues es la forma de mejorar el estilo e ir obteniendo más seguridad.

Tanto Juan como yo estamos muy bien física y espiritualmente. Cariños para la familia. Seamos fuertes en la fe. Bendíganme y sepan que siempre seré un hijo fiel.

Alberto Muller

[Junio - Julio 1965]

 Jorge Gutiérrez Izaguirre «El Sheriff». Nació el 14 de marzo de 1936 en La Habana, Cuba. Hijo del matrimonio formado por Antonio Gutiérrez Arroyo y Flora Izaguirre Hornedo. Hermano mayor, Orlando. Educación: Cursa su primera enseñanza en el Instituto Edison y el Colegio Baldor, graduándose de Bachiller en Letras en 1954. Posteriormente ingresa en la Universidad de La Habana y estudia Derecho. En el transcurso de ese tiempo, se une a la Agrupación Católica Universitaria y se convierte en congregante el día 8 de diciembre de 1955.

Sus actividades patrióticas. Gutiérrez Izaguirre milita en 1958 en la *Legión de Acción Revolucionaria* (L.A.R.) con Manuel Artime, Carlos Rodríguez Santana, Rogelio González Corzo y Emilio Martínez Venegas en lucha contra el gobierno impuesto de Batista. En la lucha contra el régimen de Castro, el «Sheriff» participa en la protesta contra Mikoyan en el Parque Central de La Habana en febrero de 1960. Posteriormente lanza propagandas anticastristas del M.R.R. desde el piso 32 del Edifico Focsa.

Forma parte de la Brigada 2506, con el número 2519. Viaja a Isla Useppa y desde ese lugar partió el 5 de julio a Guatemala para construir la Base Trax. Más tarde pasó el «Sheriff» a Cayo Hueso en unión de Jorge Rojas Castellano, José Regalado y Abel Pérez, entre otros. Se infiltra en Cuba como Radio Operador en el Punto Fundora en febrero de 1961. El 19 de marzo, Gutiérrez Izaguirre cae herido en un combate, la bala le perforó el pecho y el pulmón derecho. Enrique Reboredo, uno los alzados, vio que un soldado de la tropa enemiga iba a clavarle la bayoneta al «Sheriff» y se le interpuso, derribándolo. Reboredo le gritó a un oficial que a un herido lo querían matar y el oficial lo impidió: Fueron capturados trece alzados y los demás se escaparon. El «Sheriff» es llevado a la casa de socorro y después al Hospital Civil de Colón donde le salvan la vida. Dos miembros de la Seguridad del Estado trataron de hacerle daño, pero la enfermera y el médico lo impidieron salvándole la vida una vez más.

El día 23 de abril, el «Sheriff» fue sacado del Hospital Militar, en un juicio condenado a muerte con su compañero Idilio Álvarez Aspeita, pero en la noche llegó la orden de Fidel Castro de suspender la ejecución ante las protestas internacionales por la ola de crímenes que a diario se estaban cometiendo. Después el «Sheriff» pasó de cárcel en cárcel 18 años. Una vez le dijeron que el militar que quería matarlo se encontraba preso en el lugar, en Isla de Pinos estaban los dos. Alguien le preguntó al Sheriff, «¿Qué vas a hacer?». Gutiérrez Izaguirre respondió, «Nada. No lo toquen». El Sheriff seguro pensó en el perdón del católico con el enemigo.

Jorge Gutiérrez Izaguirre «El Sheriff», al fin fue liberado por negociaciones del presidente norteamericano, Jimmy Carter, y llega a los Estados Unidos el 21 de febrero de 1979. Asimismo, Armando Zaldívar y Lino Fernández estaban presos en el Sanatorio de Topes de Collantes por ayudar a las guerrillas de la Sierra de El Escambray en la región villareña de la isla.

Esta ha sido la gesta heroica de los hombres que empuñaron las armas contra la vesania roja que esclaviza a un pueblo.

Alberto Andino Bolívar y su testimonio de la cárcel comunista. Nació en La Habana, Cuba. Educación: Colegios de Belén y Baldor. Procurador público y técnico en máquinas IBM. Miembro de la Agrupación Católica Universitaria. Pasó a congregante el 8 de diciembre de 1959. Deporte: nadador. Trabajo realizado: técnico en la producción de cerveza. Miembro del Movimiento 26 de Julio en la lucha contra el gobierno de Batista. Participó en la huelga del 9 de abril de 1958.

En la lucha contra el régimen comunista de Castro fue designado jefe de acción y sabotaje del Movimiento de Recuperación Revolucionaria en el término de Santa María del Rosario a mediados de 1960, asumiendo al final del año la dirección provincial del movimiento clandestino. Realizó el sabotaje a la refinería de la Standard Oil y coloca una bomba en la casa de Osvaldo Dorticós en febrero de 1961.

Después del fracaso de Bahía de Cochinos tuvo que buscar refugio político.

La resistencia cívica: protección que le permitía burlar la persecución de los sicarios de la tiranía, pero a veces no era suficiente, pues era demasiado la vigilancia del enemigo. Eran los días del 17 de abril de 1961, en que llegaba la invasión y todo un pueblo estaba a la expectativa de la situación. Comenzó una redada del gobierno que llenaron las cárceles de toda Cuba de opositores.

La Seguridad del Estado buscaba a Alberto Andino por todos los lugares y rincones del país, que lo acusaba de ser un elemento peligroso. La situación de los patriotas cubanos era desesperante. No querían irse del país, pues estaban resueltos a cooperar en lo que fuera hasta las últimas consecuencias por salvar a la Patria. Muchos hombres indefensos, desprovistos de armas y escasa la ayuda del exterior. A finales de 1959, Rogelio González Corzo, jefe supremo del clandestinaje, tuvo que viajar a los Estados Unidos en busca de armas porque no las recibía.

Ya Alberto Andino había estado en algunas casas doce veces en una semana, en busca de escondite. Tenía que resolver ese grave problema de su seguridad física que estaba en constante peligro. Pero un día, el 21 de abril se presentó en la Embajada de Colombia, en busca de asilo. Mostró su título de procurador y dijo que buscaba una persona para legalizar una herencia que estaba en Colombia. En esos días la persecución a la Iglesia era tremenda, tanto los sacerdotes como la feligresía se encontraban en peligro de ser arrestados. La Seguridad del Estado sabía la posición que ocupaba Andino Bolívar en el clandestinaje y su detención significaba ir al paredón de fusilamiento.

El 24 de abril volvería a intentar el asilo y Andino se dirige al consulado venezolano. Pero no lográndolo es detenido y conducido al G-2, en Quinta y 14, en Miramar. Estaba deseoso por encontrarse con alguien conocido y de pronto, un miembro de la ACU le relató todo lo vivido en la prisión tras el empleo de las torturas psicológicas, método que los criminales del G-2 usan para obligar a los prisioneros a revelar los secretos de la lucha clandestina. Después del procedimiento del interrogatorio, muchos cuando regresaban a sus cuartos, decían que iban para la Cabaña en espera de un pronto juicio. La preocupación de Andino que no se le ablandara la voluntad por el terror y por las amenazas de 30 años de cárcel o el paredón de la muerte.

Sufrió humillaciones y quebrantos pero nunca reveló nada que pudiera dañar el esfuerzo patriótico del cubano que con su heroísmo y gallardía se enfrentó a un sistema totalitario. A la salida de la prisión el patriota cubano, con un arma en el cinto, se asiló en la embajada de Venezuela en La Habana.

Manuel Suárez Carreño y Eloísa Gastón Segrera, una familia en servicio de Dios y de Cuba. En los días de Bahía de Cochinos, a mediados abril de 1961, los sicarios de la tiranía, irrumpieron la casa del ingeniero y profesor de la Universidad Católica de Santo Tomás de Villanueva.

Suárez Carreño es conducido en calidad de preso a La Cabaña, acusado de haber escondido armas —siendo inocente— lugar donde fusilaban a los patriotas cubanos diariamente por oponerse al comunismo ateo y materialista.

Eloísa Gastón Segrera, esposa de Manuel Suárez Carreño, ignorando el lugar donde se encontraba el familiar, iba de cárcel en cárcel, con seis de sus hijas, preguntando por el lugar donde se hallaba. Luego, Eloísa se enteró que estaba preso en La Cabaña y se dirigió hacia el lugar con su hijo Xavier, en días de visita, para llevarle ropa necesaria y comida.

El ingeniero Suárez Carreño permaneció preso durante unos meses. Sus hermanos corrieron la misma suerte, Patricio sufrió siete años en cautiverio, y el otro, Ignacio es condenado a morir fusilado, pero le conmutaron la pena por razones de enfermedad, siendo recluido en el Hospital Naval donde falleció el día 2 de noviembre de 1968.

Una hija del ingeniero Suárez Carreño, Lula Suárez, vivió los horrores del carcelario infernal y se enfrentó con heroísmo y valor a la intimidación y la persecución del gobierno comunista al igual que los demás familiares. Lula estuvo presa en la cárcel de Guanajay más de dos meses. Ella hizo un libro y narra todo lo que sucedió. Su padre se había pronunciado en contra del gobierno al conocerle la trayectoria política y estaba conspirando. En su oficina se hicieron las primeras reuniones en la creación del Movimiento Revolucionario Cristiano con la presencia de José Ignacio Rasco, Rafael Bergolla, Segundo Miranda y Enrique Villarreal.

Manuel Suárez Carreño forma parte de la Agrupación Católica Universitaria como congregante desde el 6 de mayo de 1933 y su hermano Ignacio pasó a ser congregante el día 10 de diciembre de 1939. Los dos seguidores de las prédicas de Cristo hasta el final de sus vidas.

Esta es la historia trágica y dramática vivida a plenitud por la familia Suárez Carreño.

 Lino Bernabé Fernández fue fundador del Movimiento de Recuperación Revolucionaria (M.R.R.) y de apoyo a los alzados en el Escambray. Pronto pasó a la clandestinidad. Casado con Emilia, su hija Lucía nació el 6 de febrero de 1961. Poco después fue arrestado. A fines de agosto le llegó la noticia a su esposa de que Lino estaba preso en Isla de Pinos. Sus hijos saldrían hacia Estados Unidos.

Después de haber estado detenido más de un año, Lino Bernabé fue juzgado en Santa Clara con otros compañeros de causa. Llega el día del juicio, su esposa presente. Le toca hablar al médico agrupado, señalando que él no era un hombre violento, de profesión médico y que su deber era ayudar a la gente vivir. No apoyó a Fidel Castro. Sus compañeros y él recurrieron a la violencia porque no había otra para alzar las voces. «Muchos se han ido, pero nosotros nos quedamos. Somos cubanos. Nosotros también luchamos por el bien de Cuba».

Lino Fernández fue condenado a 30 años. Dio gracias a Dios por haberlo salvado del paredón. Era mayo de 1962. Su esposa se quedó en Cuba para ayudar a Lino y cada vez que anunciaban las visitas al penal, iba a visitarlo como abnegada familiar. Lino escribía cartas a sus hijos desde la cárcel.

El 28 de enero de 1979, Lino y Emilita salieron de Cuba en el tercer vuelo de los presos políticos, y sus familiares, ya en Miami, fueron a la Agrupación Católica Universitaria donde los esperaba el p. Llorente para celebrar la misa de reencuentro.

«Yo aquí entre cadenas por el Señor»

«Estoy muy bien. Sobre todo, tranquilo.
La educación dada por Ud. es muy difícil
de olvidar y aquí en estos momentos es
cuando más cuenta se da uno del alto valor
que tiene el saber amar».

«El silencio aparente que Ud. mantenía
solamente puede dar a entender
lo ocupado que tiene que estar. Jamás
se podría pensar de un olvido
por parte suya. El Buen Pastor nunca
olvida a sus ovejas».

«Todos los sábados a las 6:30 p.m. es
momento de alegría. Nos reunimos todos
a conversar sobre María, sobre Ud. Rezamos,
nos unimos más a Cristo. Es uno de
los momentos más esperados de la semana.
Hasta ahora no hemos fallado uno. Nos es
tan imprescindible que ya desde por la
mañana nos preparamos para ello. Quizás
hoy mismo pueda recibir sacramentalmente
al Maestro. Ya puede Ud. imaginar que
ansiosos hemos de estar».

«Lléveles a todos por allá el más sentido
y fuerte abrazo de todos por acá
especialmente nuestro sentido de la
unión. Unión indivisible y verdadera,
unión de todos con Cristo. Esa
unión se ha apretado mucho más en los

sacrificios y los dolores. Siempre
unidos en Nuestro Señor Jesucristo.
Sinceramente lamento terminar. Pero
por las oraciones seguimos siempre
unidos en esa maravillosa unión llamada
Cuerpo Místico».

«Por aquí todos estamos bien físicamente,
y muy bien en el sentido espiritual, a
pesar de que ahora los tres sacerdotes
están separados junto con la Jefatura en
la Galera 7ma., pero anteriormente tuvimos
Misa y comulgábamos frecuentemente,
a pesar de esto, seguimos teniendo Rosario
diario en común y la Moral es buena».

Notas de agrupados sacadas del presidio secretamente y publicadas en la hoja íntima de la ACU, *Esto-Vir*, sin nombres por protección del entonces preso.

Oraciones e himnos

Virgen María

Madre mía de mi vida y de mi alma,
Dulce flor encendida,
Resplandeciente y amorosa gasa
Que mi espíritu abriga.

Serena el escozor que siento airado,
Que tortura mi vida,
¡Qué tirano!
¡Cómo sidera el alma mía!

¡Se rebela, maldice,
No quiere que yo viva
Mientras la Patria amada
Encadenada gime!

Un gran dolor le sigue
Como al hombre la sombra furtiva,
Y los dos me acompañan
Junto con la fatiga.

Madre mía de mi vida y de mi alma,
Dulce flor encendida,
Resplandeciente y amorosa gasa
Que mi espíritu abriga.

Mata en mí la zozobra
Y entre la sombra de mi alma brilla…
¡El peregrino muera!
¡Que la patria no gima!

      José Martí

Himno de Cristo Rey

Firme la Legión
mente y corazón
que hoy echa el vuelo el campanario
frente a la cortina del Sagrario
Trono de la Agrupación

Firme la Legión
mente y corazón
que acude al real aniversario
aguerrida grey
guardia de la Ley
Soldados del cuartel de Cristo Rey

Mira que a tus pies Señor
Tu escogida juventud
da a sus pechos el valor
y a sus almas la virtud
en tanto en pro del bien y la verdad
sus armas vela en prenda de lealtad

Clara la mirada hacia adelante
alto el corazón hacia la cruz
marcha el grupo fiel
tras la Voz de Aquel
que salvó a los hombres con la Cruz

(se repiten las dos primeras estrofas)

Himno de la Agrupación Católica Universitaria

(Versión original –cubana)

Uno solo es el Jefe y Maestro,
Uno solo el pensar y el sentir,
Uno solo el esfuerzo y la meta…
Nuestro lema, uno solo ¡Esto Vir!

Tiene Cristo una Cruz redentora.
Tiene Cuba una estrella de luz:
Hacia el Cielo elevemos la estrella
Y en la Patria sembremos la Cruz.

Nuestra espada invencible: la ciencia;
Nuestro firme broquel: la oración;
El honor más preciado: servir;
Y el descanso: vivir en acción.

Uno solo es el Jefe y Maestro,
Uno solo el pensar y el sentir,
Uno solo el esfuerzo y la meta…
Nuestro lema, uno sol: ¡Esto Vir!

(Versión internacional)

Uno solo es el Jefe y Maestro,
Uno solo el pensar y el sentir,
Uno solo el esfuerzo y la meta…
Nuestro lema, uno solo ¡Esto Vir!

Tiene Cristo un mensaje de vida
Para un mundo sediento de Dios
Brazos suyos serán nuestros brazos
Voz de Cristo será nuestra voz.

Nuestra espada invencible: la ciencia;
Nuestro firme broquel: la oración;
El honor más preciado: servir;
Y el descanso: vivir en acción.

Uno solo es el Jefe y Maestro,
Uno solo el pensar y el sentir,
Uno solo el esfuerzo y la meta…
Nuestro lema, uno sol: ¡Esto Vir!

Música Armando Romeu
Letra   José I. Lasaga

Lema
«Comfortare et esto vir», *«Ánimo, sé un hombre»*. 1Re 2:2

Bibliografía

Aparicio Laurencio, Ángel, *Donde está el cadáver...se reúnen los buitres*, Santiago de Chile, 2013.

Artime, Manuel, *¡Traición! gritan 20.000 tumbas*, México, D.F., Editorial Jus, 1960.

Boletín del Comité de católicos cubanos en el exilio. Director Miguel A. Suárez, marzo-abril 1964.

Brigada de Asalto 2506, *Girón*, órgano oficial de la Brigada 2506, 2013, #1.

Clark, Juan, *Los derechos humanos en Cuba*, Miami-Caracas, Saeta Ediciones, 1991.

Club Patriótico José Martí, *Cuba* Publicación Órgano oficial del Club Patriótico José Martí, 15 mayo de 1964.

Departamento de Publicaciones del Secretariado de Difusión, *Pasión de Cristo en Cuba*, Chile, 1962.

Diario de la Marina, *El Mensaje de un Mártir*, La Habana, Cuba, 10 de enero de 1959.

Directorio Revolucionario Estudiantil, *Persecución Religiosa en Cuba*.

Esténger, Rafael *Sincera Historia de Cuba (Desde Colón hasta nuestros días)*.

Esto Vir, publicación de la ACU, abril-mayo 1962.

____, Carta de los padres de Juanín Pereira Varela al P. A. Llorente SJ, NY 248 no. 6, agosto 1962.

____, *Consagración a Cristo Rey del grupo de presos*, pág. 10, octubre 1962.

Figueroa de Cárdenas, Javier, *El Sueño Inconcluso. Historia del Directorio Revolucionario Estudiantil, D.R.E. Cuba 1959-1966*. Ediciones Universal, Miami. 2022.

Larrúa, Salvador, *Francisco*, Columbia, South Carolina, U.S.A., 7 de noviembre de 2014.

Muller, Alberto, *¡Pobre Cuba! (frase de Jorge Luis Borges al autor)*, *Mis Memorias*. Ediciones Universal, Miami, 2021.

Quevedo, Miguel Ángel, *Bohemia Libre*, (9 de abril de 1961).

Rivero, José Ignacio, *Prado y Teniente Rey*, Ediciones Páginas Cubanas, julio de 1987.

____, *Contra viento y marea*, Miami, Florida, Ediciones Universal, 2004.

____, *Biografía de un Crimen*, Nueva Prensa Cubana (marzo de 2009).

Ros, Enrique, *El Clandestinaje y la lucha armada contra Castro*, Miami, Florida, Ediciones Universal, 2006.

Sobre el autor

Agustín Villegas

Nació en el barrio de Jesús del Monte, La Habana, Cuba. En febrero de 1960, Agustín Villegas era miembro del Directorio Revolucionario Estudiantil (en su mayoría proveniente de la ACU). Posteriormente a la manifestación del 5 de febrero de 1960 contra Anastas Mikoyan por depositar flores ante la estatua de José Martí es detenido al ocupársele una propaganda contra la esclavitud comunista.

Agustín Villegas es expulsado de la escuela de la localidad el día 14 de febrero de 1961 por su vinculación estrecha a la Iglesia Católica y su tendencia democrática contra el régimen de Fidel Castro. En septiembre de 1961, vuelve a ser detenido por participar en la procesión en homenaje a la Virgen de la Caridad del Cobre (presidida por el obispo Boza Masvidal) y por repartir propaganda de la organización anticastrista *30 de Noviembre*, donde se denunciaba el asesinato del joven Arnaldo Socorro que llevaba un cuadro de la Santísima Virgen María. Con motivo de su arresto Agustín Villegas es trasladado al G-2 en Quinta avenida y calle 14, en Miramar. Al llegar al lugar es registrado por la policía secreta del gobierno y le ocuparon una pequeña estampa de San José de Calasanz para molestar al detenido porque se sabía que era activo militante católico.

En marzo de 1962, sale Agustín Villegas rumbo a Estado Unidos dónde se reintegra a las actividades anticomunistas en el D.R.E. y labora en la sección de Propaganda con el médico Dámaso Oliva (congregante de la ACU). Posteriormente al concluir las funciones del D.R.E., milita en el Movimiento de Recuperación Revolucionaria (M.R.R.) y después en el Movimiento Demócrata Cristiano (M.D.C.). Ambas organizaciones fundadas por miembros de la ACU. Graduado de Pre-Leyes en el Miami-Dade Junior College y de Educación Religiosa y Filosofía en Florida University.

Ha alcanzado varios premios periodísticos por sus trabajos sobre la vida y la obra de José Martí y sobre el destacado escritor anticomunista Salvador Díaz Versón. Ha escrito sobre los mártires de la ACU, muertos por Cristo y por Cuba. Es miembro de Honor de la Brigada 2506 y miembro de Honor de la ACU.

Acercamiento de Agustín Villegas a la ACU en Cuba

Hacía tiempo, en la isla antillana se hacía proselitismo de todas las religiones. Una vez se acercaron a Agustín, un grupo de bautistas con la intención de captarlo y ganarlo para la religión de ellos. Agustín no estaba muy instruido en asuntos de índole religiosa, pero él nunca quiso ceder a la petición del protestantismo de convertirlo para su grey. No aceptó y fue a buscar ayuda en la lectura de los folletos del Buró de Información y Propaganda de la ACU que dirigía el p. Amando Llorente y el doctor Francisco René de la Huerta. Con la publicación católica se le alumbró el camino a seguir. Agustín se sentía atormentado porque su fe se debatía por la falta de orientación de un cristianismo verdadero que al fin encontró. Por esa razón Agustín Villegas quiere ser parte de la ACU, porque la organización mariana le salvó la fe en Cristo en la Iglesia Católica. También quiere ser parte de la ACU en homenaje y solidaridad con la biografía de los diez miembros que ofrendaron la vida por un mañana con Cristo y con la libertad de Cuba.

El p. Llorente le dijo a Pablo Carreño que la publicación *Esto Vir* e invitaciones a cualquier evento que se produjera le enviara copia a Agustín Villegas porque él es de los nuestros, en los que depositamos nuestra confianza y admiración. Así mismo, todos los escritos sobre mártires de la congregación mariana deben ser publicados en nuestra revista.

Colaboración de Agustín Villegas con los libros hechos por agrupados

1. Sobre Juanín Pereira. Parte de su obra fue realizada con artículos pertenecientes al archivo de A.V.
2. Historia del Movimiento de Recuperación Revolucionaria de Salvador Subirá. Colaboración de A.V. con la historia de Manolín Guillot y fotos de Carlos Rodríguez Santana y Manuel Artime.
3. La biografía de Francisco de Salvador Larrúa, hecho con información dada sobre la vida del mártir por el hermano, gracias a la gestión realizada por A.V. y la información biográfica dada por Salvador Subirá.
4. *Cuba en Guerra* de Enrique Encinosa. Agustín ofreció informes sobre la vida de «Francisco» y de Manolín Guillot para la obra mencionada.
5. Ha publicado sus trabajos periodísticos en distintas publicaciones como *Diario Las Américas*, *El Mercurio*, *Réplica*, revista *Ideal*, *El Miami Herald*, entre otros.
6. Ha contribuido con su archivo periodístico y personal con papeles y documentos a la Universidad de Miami y a la Florida International University (FIU).

www.ingramcontent.com/pod-product-compliance
Lightning Source LLC
Chambersburg PA
CBHW030517080526
44586CB00011B/226